VIE

DE

JEAN VENDEVILLE

MORT EVÊQUE DE TOURNAI EN 1592.

SUIVIE D'UNE NOTICE

SUR

LE P. ÉLEUTHÈRE DU PONT, DE LA COMPAGNIE DE JÉSUS

PAR LE P. ALEXIS POSSOZ

de la Compagnie de Jésus.

Quæ sursum sunt quærite.
(Devise de Jean Vendeville.)

LILLE

L. LEFORT, IMPRIMEUR - LIBRAIRE

JEAN VENDEVILLE

Imprimatur.

Cameraci, 30 junii 1862.

BERNARD,

VIC. GÉN.

JEAN VENDEVILLE

Évêque de Tournai

VIE

DE

JEAN VENDEVILLE

MORT ÉVÊQUE DE TOURNAI EN 1592

SUIVIE D'UNE NOTICE

SUR

LE P. ÉLEUTHÈRE DU PONT, DE LA COMPAGNIE DE JÉSUS

PAR LE P. ALEXIS POSSOZ

de la Compagnie de Jésus.

Quæ sursum sunt quærite.
(Devise de Jean Vendeville.)

LILLE

L. LEFORT, IMPRIMEUR - LIBRAIRE

M D CCC LXII

Tous droits réservés

PRÉFACE

La bienveillance avec laquelle a été accueillie la
Vie de Mgr François Vander Burch, *archevêque de
Cambrai*, nous a porté à entreprendre un travail
analogue sur Mgr Jean Vendeville, évêque de
Tournai.

A l'époque où il vécut, en ces temps malheureux
où l'hérésie soufflait partout sur les Pays-Bas l'esprit
de révolte et d'impiété, Dieu, dans sa bonté, avait
placé à la tête de nos églises des prélats d'une
haute vertu et d'une grande énergie. Ils étaient à
la hauteur des luttes qu'il fallait soutenir, des

efforts qu'il fallait tenter pour s'opposer au torrent et préserver d'un naufrage inévitable l'antique foi et les principes sur lesquels reposent l'ordre social et la tranquillité des nations. C'étaient Maximilien de Berghes, Louis de Berlaimont, Jean Sarrazin, à Cambrai ; Antoine Granvelle, François Richardot, Matthieu Moullart, à Arras ; Guilbert Dognies, Pierre Pintaflour, Maximilien Morillon, à Tournai ; Gérard d'Hamericourt, Jean Six, à Saint-Omer ; Antoine Have, François Wallon-Capelle, à Namur ; Pierre Curtius, Rémi Driutius, à Bruges ; Jean Hauchin, Mathias Hovius, à Malines ; François Sonnius, Cornélius Jansénius, Guillaume Lindanus, à Gand ; Martin Rhythovius, Pierre Simoens, à Ypres. Mais Jean Vendeville appartient doublement à notre pays : comme compatriote d'abord, puisqu'il est né à Sainghin-en-Mélanthois selon quelques-uns, mais plus probablemeut à Lille, suivant l'opinion la plus commune, qui se trouve confirmée par le témoignage de Zoës, son secrétaire intime ; puis, comme évêque, puisqu'une partie considérable de l'ancien diocèse de Tournai fait maintenant partie de celui de Cambrai. De plus, sa biographie a cela de particulier, que non-seulement elle sera intéressante, mais encore utile à tous. Jean Vendeville a vécu dans le célibat, dans le mariage, dans les fonctions civiles, dans le sacerdoce; et on l'a vu pratiquer toutes les vertus propres à chacun de ces différents états. Il a donc prouvé, par son exemple, qu'il n'est pas de position incompatible avec les devoirs qu'exige de nous l'Evangile. Il peut servir de modèle à tous, et il n'est personne qui ne retire, s'il le veut, de la lecture de sa biographie, quelque fruit pour sa propre conduite et sa sanctification particulière. Tels sont les motifs qui nous ont déterminé à fixer sur lui notre choix. Si la médiocrité de notre travail ne répond point à la grandeur de notre sujet, au moins sommes-nous assuré d'en dire assez pour intéresser et édifier nos lecteurs.

Sur les conseils de quelques amis dont nous suivons toujours volontiers les avis, nous avons fait suivre la *Vie de Jean Vendeville*, d'une *Notice sur le P. Eleuthère du Pont*, né à Lille, comme le pieux évêque de Tournai, qui le choisit pour directeur de sa conscience. Les travaux de ce disciple immédiat de saint Ignace, en Italie, en France et dans les villes les plus importantes de la Flandre française, sont peu connus, et nous croyons que sa biographie ne sera pas sans intérêt pour ceux qui s'occupent de l'histoire de notre pays.

AUTEURS CONSULTÉS

Nicolas Zoes, secrétaire intime de Jean Vendeville, et élevé sur le siége de Bois-le-Duc en 1615. *Vita Joannis Vendvillii episcopi Tornacensis.*

Jean Cousin. *Histoire de Tournai.*

François Gautran, jésuite. *Histoire inédite de la ville de Tournai.*

Gazet. *Histoire ecclésiastique des Pays-Bas.*

Buzelin, jésuite. *Gallo-Flandria, — Annales Gallo-Flandriæ.*

Martin Lhermite, jésuite. *Histoire des saints de la province de Lille, Douai, Orchies, etc.*

Rayssius. *Belgia christiana. — Ad natales sanctorum Belgii Auctarium. — Hierogazophilacium. — Catalogus Christi sacerdotum qui ex nobili Anglicano Duacenæ civitatis collegio proseminati, præclarum fidei catholicæ testimonium præbuerunt.*

Brasseur. *Origines cœnobiorum Hannoniæ.*

Sanderus Nicolaus. *De schismate anglicano.*

Sacchini, societatis Jesu. *Historia societatis Jesu.*

Strada, societatis Jesu. *De Bello Belgico.*

Legroux. *Synopsis Episcoporum Tornacensium.*

Sanderus Antonius. *Flandria illustrata.*

Foppens. *Bibliotheca Belgica.*

D. Ignace Delfossé. *Histoire manuscrite de l'abbaye de Loos.*

De Castillion. *Sacra Belgii Chronologia.*

Duchesne, jésuite. *Histoire du baïanisme.*

Leblanc. *Historia congregationis de Auxiliis.*

De Meyer, jésuite. *Historia de Auxiliis.*

Berrault-Bercastel. *Histoire ecclésiastique.*

Bullart. *Académie des sciences et des arts.*

Gallia christiana, Ecclesia Tornacensis.

Paquot. *Mémoires pour servir à l'histoire littéraire des dix-sept provinces des Pays-Bas.*

Panckouck. *Abrégé chronologique de l'histoire de Flandre.*

Plouvain. *Souvenirs de la ville de Douai.*

Raynal. *Histoire du Stathoudérat.*

Crétineau-Joly. *Histoire de la Compagnie de Jésus.*

Dood's. *Church History.*

Norbert Sweeney. *The life of Fathir Augustini Baker.*

Gerlache (le baron de). *Histoire du royaume des Pays-Bas.*

L'abbé Voisin, vicaire général de Tournai. *Notice sur Jean Vendeville.*

Lemaistre. *Histoire de Notre-Dame de Tournai.*

Trésor national (Bruxelles 1842).

Monuments pour servir à l'histoire des provinces de Namur, du Hainaut, etc.

Exemplar litterarum a quodam sacerdote collegii Anglorum Duacensi quondam alumno de martyriis quatuor ejusdem collegii alumnorum.

JEAN VENDEVILLE

CHAPITRE I

Naissance de Jean Vendeville. — Il est consacré à la Vierge et à saint Adrien. — Ses études. — Ses premiers emplois. — Il prend à Louvain le degré de docteur. — Son mariage. — Il est professeur de droit à Louvain.

Jean Vendeville naquit le 24 juin 1527, jour de saint Jean-Baptiste, à Sainghin-en-Melanthois selon les uns, et selon les autres à Lille en Flandre, que déjà l'on comptait parmi les villes les plus commerçantes des Pays-Bas. Ses parents, Guillaume Vendeville et Marie Des Barbieux, n'étaient que médiocrement pourvus des biens de la fortune, mais ils se distinguaient par une intégrité à toute épreuve et un attachement inébranlable à la religion catholique.

Jusque-là sa mère n'avait eu que des couches malheureuses ; tous ses enfants étaient morts avant de venir au monde. Se voyant encore sur le point de devenir mère, elle fit vœu, si elle accouchait heureusement, de porter son enfant à l'église de Notre-Dame de Hal et à celle de Saint-Adrien de Grammont. Dieu et ses saints entendirent le prière de cette pieuse mère, et ils comblèrent sa joie en lui donnant un fils. Bientôt elle accomplit sa promesse, et elle n'eut plus qu'un seul souci, celui de bien élever l'enfant que le Seigneur lui avait donné, et qu'elle venait de placer d'une manière toute spéciale sous la protection de saint Adrien et de la Vierge Marie. Elle s'appliqua à lui inspirer dès le berceau l'horreur du mal, la piété envers Dieu et l'amour des vertus chrétiennes. Ses paroles étaient soutenues par les pieux exemples que l'enfant trouvait dans sa famille, et cette éducation du premier âge devait être le fondement de la vie sainte que plus tard nous admirerons en lui.

Lorsque le moment fut venu de l'initier aux lettres, ses parents le conduisirent à Menin, où il fréquenta une école alors célèbre, tenue par Jean Papez, homme instruit et vertueux, qui devait lui apprendre le flamand et les premiers éléments de la langue latine. Ses progrès furent tels, qu'à l'âge de quinze ans il était jugé capable d'être envoyé à Paris pour s'y livrer à de plus fortes études. Il s'y fit bientôt remarquer par son application et ses succès, et en même temps qu'il s'y formait à une connaissance approfondie de la littérature grecque et latine, il fréquenta

les cours de jurisprudence. Ses études terminées, il se
rendit à Arras pour joindre la pratique à la théorie, et là
encore il se montra tellement habile, que le procureur
sous lequel il travaillait l'envoya, malgré sa grande jeunesse, en Normandie, traiter certaines affaires très-délicates,
qu'il mena à bonne fin, et qui lui donnèrent l'occasion
de faire briller son intégrité inaltérable et son grand amour
pour la justice. Il revint à Lille et obtint un canonicat à
la collégiale de Saint-Pierre.

Ses parents désiraient beaucoup qu'il ne s'éloignât plus
de la maison paternelle, et le doyen de Saint-Pierre,
Roger Vendeville, son oncle, se proposait de le prendre
pour son coadjuteur. Mais Dieu, qui le destinait à de plus
grandes choses, ne permit pas l'exécution de ce projet. Jean
Vendeville résigna son bénéfice, et se rendit à Louvain,
où il soutint d'une manière fort brillante sa thèse pour le
degré de bachelier ès deux droits. Plus tard il aimait à
répéter à ses élèves que pendant tout ce temps il n'avait
connu d'autres livres que Cicéron et les Pandectes.

Dès qu'il eut reçu ses grades, il commença à enseigner le droit en public et en particulier, et il acquit
bientôt une si grande réputation, que l'on accourait à ses
leçons non-seulement de toute la Belgique, mais encore
des autres contrées. Plus tard il n'y eut peut-être pas dans
la province un conseiller ou un homme vraiment instruit
qui ne se glorifiât de l'avoir eu pour maître. Ses succès
et sa probité bien connue déterminèrent le comte de Lalain et plusieurs autres seigneurs à lui confier leurs
intérêts et à ne plus se diriger dans leurs affaires que par
ses conseils.

Il se maria vers l'an 1551, et épousa Anne Roelofs, demoiselle noble de Louvain, que la mort lui enleva après un peu plus de vingt-trois ans de mariage. Le 27 août 1553, il soutint ses thèses pour le doctorat, avec le président Hopper, le conseiller Peick et le fameux Jean Wamès [1], de qui l'on disait communément qu'il aurait rempli avec une gloire égale la charge de professeur, d'avocat ou de ministre d'Etat. Depuis la fondation de l'université, on n'avait pas mémoire d'un acte soutenu avec autant d'éclat; et il est devenu plus célèbre encore à cause des honneurs auxquels ces jeunes gens parvinrent un peu plus tard.

On nomma Jean Vendeville professeur ordinaire du droit civil; à vingt-neuf ans, il était recommandé au gouverneur général des Pays-Bas, et désigné, avec Hopper, Peick et Wamès, pour être admis au grand-conseil. Mais Vendeville aima mieux conserver sa liberté, afin de s'appliquer à l'étude, et ne fit rien pour seconder la fortune qui lui offrait ses faveurs. Ce fut même vers ce temps-là qu'il prit en dégoût toutes les grandeurs humaines et qu'il se sentit pressé de tendre à la vie parfaite. Voici quelle fut l'occasion de cette résolution généreuse.

[1] Hopper, né d'une ancienne famille à Sueck en Frise, étudia le droit en partie à Louvain, en partie à Orléans et à Paris. D'abord professeur de droit à Louvain, il devint en 1561 membre du conseil secret à Bruxelles. En 1566 il remplaça Charles Tisenach, et passa en Espagne neuf années; il mourut de consomption le 25 décembre 1576. — Peick, né à Zériczée en Zélande, enseigna pendant quarante ans le droit à Louvain, et devint en 1586 conseiller de Malines, où il mourut en 1589. — Wamès, né à Liége en 1524, enseigna le droit à Louvain avec une grande réputation; il mourut en 1590, âgé de soixante-six ans. Juan d'Autriche avait voulu l'attirer dans le conseil d'Etat; mais Wamès préféra à toutes les dignités le repos de la vie privée et les douceurs du cabinet. Juste Lipse lui a consacré un bel éloge en vers

CHAPITRE II

Jean Vendeville veut tendre à la perfection. — Il se place sous la direction
de Martin Rythovius. — Il se trace une règle de vie.

Saint Antoine, issu de parents nobles qui lui avaient
laissé de grands biens, entendit un jour, en entrant dans
une église, le prêtre citer par hasard ces paroles du Sauveur : « Si vous voulez être parfait, vendez tout ce que
vous possédez, et distribuez-en le produit aux pauvres. »
Antoine se sentit à l'instant même enflammé du désir de
la perfection, et suivant ce conseil à la lettre, il ne mena
plus sur la terre qu'une vie toute céleste. La grâce divine
agit sur le cœur de Jean Vendeville d'une manière assez
semblable. Un prédicateur célèbre de l'époque, le P. Pépin
Roosen, de l'ordre de Saint-Dominique [1], prêchait en

---

[1] Pépin Roosen naquit à Landen, la plus ancienne ville du Brabant. Après
avoir achevé ses humanités, il prit l'habit de Saint-Dominique à Louvain, et
devint plus tard prieur de ce couvent. Il se livra au ministère de la prédication,
et sa réputation fut telle que l'église des Dominicains, quoique d'une certaine
étendue, se trouvait souvent trop petite pour contenir les nombreux auditeurs
avides de l'entendre. Son talent le désigna au choix du cardinal Granvelle, qui
le prit pour son suffragant, et le fit nommer, en 1562, par Pie IV, évêque de
Salubrie *in partibus infidelium*. Il fut sacré à Bruxelles, le 2 novembre suivant, par Granvelle lui-même. Après avoir gouverné avec beaucoup de sagesse,

1556, l'année même ou Jean Vendeville fut proposé pour une charge de conseiller au grand conseil de Malines, la station quadragésimale dans l'église Saint-Pierre à Louvain. Il prit pour thème de toutes ses instructions du carême, ces paroles de Tobie : « Mon fils, notre vie est pauvre, il est vrai ; mais si nous craignons Dieu, nous serons toujours assez riches. » Elles produisirent sur Jean Vendeville une telle impression, que rempli de mépris pour les biens de ce monde, il résolut d'entrer sérieusement dans la voie de la perfection et de suivre de plus près les exemples de Jésus-Christ. S'appliquant à lui-même ces paroles de Tobie, il ne songea plus qu'à chercher ce qu'il avait à faire pour s'attacher étroitement au Sauveur et se purifier de ce qu'il appelait l'ancien levain.

Il comprit bientôt qu'il avait besoin d'un guide éclairé, et jeta les yeux sur Martin Rythovius, homme également recommandable par la connaissance profonde qu'il avait des saintes lettres, par la sainteté de sa vie, et par son zèle pour la gloire et la propagation de la foi catholique.

pendant sept ans, le diocèse de Malines en l'absence du cardinal, il mourut le 6 août 1569 à Malines, et fut enterré dans l'église métropolitaine.

On conservait au couvent des Dominicains de Louvain plusieurs ouvrages de Roosen, parfaitement écrits de la main de l'un de ses confrères, Jacques Lefebvre de Tourcoing, qui fut martyrisé par les calvinistes en 1591.

1° *Conciones quadragesimales super illud Tobiæ : Pauperem quidem vitam gerimus, sed multa bona habebimus si timuerimus Deum.* Le P. Echard, dans sa *Bibliothèque des écrivains de l'ordre de Saint-Dominique,* rappelle l'effet prodigieux que ces paroles de Tobie produisirent sur Jean Vendeville. Seulement il se trompe en disant que Vendeville se préparait alors au doctorat, puisqu'il avait pris ce grade en 1553.

2° *Conciones quadragesimales super illud Jacobi : Elias homo erat similis nobis passibilis.*

3° *Passio D. N. Jesu Christi Nazareni, Christianorum Regis, secundum contextum qualuor evangelistarum.*

Son véritable nom était Valck. Né à Rythoven, petite ville située dans le district de Bois-le-Duc, il avait étudié la philosophie au collége *du Faucon* avec une grande distinction, et l'avait ensuite enseignée dans le même établissement. Lorsque le cardinal Othon Truchésius, sur les instances du pape Jules III, eut érigé une nouvelle université à Dilinges, ce fut Rythovius que Ruard Tapperus désigna en première ligne pour y donner des leçons publiques de théologie, lui adjoignant Guillaume Lindanus, devenu plus tard évêque de Ruremonde, et Matthieu Galenus, qui dans la suite fut appelé à enseigner la théologie à l'université de Douai. Il avait pris son grade de docteur en théologie à Louvain dans le courant de mai 1556, avec Jean Hesselius, son ami intime; et en 1557 il avait fait partie du célèbre colloque de Worms, avec François Sonnius, qui fut élu depuis évêque de Bois-le-Duc, et Judoc Ravesteyn, docteur de Louvain. L'empereur Ferdinand avait ordonné cette conférence afin de rattacher, s'il était possible, les luthériens à la foi catholique. De retour à Louvain, Rythovius avait été élevé à la dignité de recteur de l'université en 1559, et nommé doyen de l'église Saint-Pierre en remplacement de Michel Driutius. Ce fut cette même année, qu'imitant saint Augustin, qui dans une perplexité semblable s'adressa à Simplicien, Jean Vendeville alla le trouver, et le pria de lui enseigner les moyens de mener une vie parfaite et d'y persévérer; « car, ajouta-t-il, j'en éprouve un vif désir, et je m'y sens porté par un attrait en quelque sorte irrésistible. » Rythovius le congédia, prétextant ses nombreuses occupations qui lui laissaient peu de loisir. Mais le lendemain, le doyen se reprocha comme une faute grave d'avoir refusé de condescendre à un désir aussi louable, et regretta d'avoir éconduit de la sorte le jeune professeur. Il l'invita à revenir chez lui, et après l'avoir entendu, lui conseilla de lire attentivement l'*Enchiridion* de saint Augustin, les livres de ce saint docteur sur la doctrine chrétienne, et le *Compendium* de Remolde Vezalius.

Telle fut l'occasion des rapports qui s'établirent entre ces deux grands hommes. Bientôt Rythovius regarda Vendeville comme son fils, et Vendeville chérit Rythovius comme son père. C'était à qui des deux donnerait à l'autre plus de marques de confiance et de dévouement. Nous verrons que le temps n'altéra jamais cette sainte amitié; tant sont solides les liens qui sont resserrés par la vertu!

Jean Vendeville suivit les conseils du doyen de Saint-Pierre, et disposa toutes ses occupations de manière à consacrer une grande partie de ses journées à la prière et à la méditation, à la récitation des psaumes et à d'autres pieux exercices. Il relisait fréquemment une règle qu'il s'était tracée; il l'avait composée de sentences tirées des œuvres de saint Bernard, et afin de l'avoir toujours sous la main, il la portait partout avec lui. Nous la reproduisons ici textuellement.

« Si, selon votre désir, vous voulez suivre constamment Jésus-Christ, n'oubliez pas que deux choses vous sont nécessaires : 1° il faut renoncer à tous les biens fragiles et passagers, et n'estimant que ceux qui sont éternels, regarder les autres comme un pur néant; 2° il faut vous donner tellement à Dieu, que vous ne disiez et ne fassiez jamais rien, que vous n'entrepreniez et que vous ne vous permettiez jamais rien qui puisse tant soit peu lui déplaire.

» Pour y parvenir, n'ayez que d'humbles sentiments de vous-même ; méprisez-vous vous-même, et vous regardant comme inférieur à tous les autres, persuadez-vous qu'ils sont bien meilleurs que vous, et plus agréables à Dieu.

» Supposez toujours une bonne intention aux personnes consacrées à Dieu, bien que ce qu'elles disent ou ce qu'elles font ait une apparence de mal ; car notre jugement est sujet à l'erreur, et souvent un faux soupçon nous rend coupables de péché.

» Ne causez jamais de chagrin ni d'ennui à personne ; ne parlez jamais avantageusement de vous, pas même en conversant familièrement avec un ami. Soyez plus attentif à cacher vos vertus qu'à dissimuler vos défauts.

» Ne dites jamais de mal de personne ; ne blessez la réputation de personne, quand bien même ce que vous diriez serait vrai et de notoriété publique.

» Fermez vos oreilles à la médisance, et ouvrez-les plutôt à ceux qui louent le prochain et qui en parlent favorablement. Parlez peu, et ne conversez jamais que de choses vraies, utiles, qui puissent glorifier Dieu. Si vous vous trouvez en compagnie d'un grand parleur ou d'un homme qui aime à s'entretenir de futilités, coupez court et ramenez la conversation à des choses sérieuses.

» Quoi qu'il vous arrive, ne vous troublez pas, et ne vous livrez pas à la peine au milieu de vos épreuves. Dans la prospérité, ne vous abandonnez pas à une joie excessive qui vous ferait perdre quelque chose de votre calme.

Ayez peu de souci de ce que les hommes appellent succès et bonne fortune; seulement rendez grâces à Dieu de tout ce qui vous arrive de prospère.

» Ne présumez jamais trop de votre salut; mais au contraire tenez-vous toujours en haleine pour avancer continuellement dans la pratique du bien.

» Evitez de parler beaucoup; car il est bien plus sûr de se taire que de parler. Si vous voyez quelque chose qui n'est pas bien, retranchez-en la cause si elle est en vous. Si ce que vous remarquez est bien, conservez-le lorsque vous le découvrez en vous; si vous le découvrez dans les autres, imitez-le.

» Ne mettez pas d'opiniâtreté à soutenir votre sentiment; mais soit que vous affirmiez, soit que vous niiez, pesez bien les raisons pour et contre.

» Abstenez-vous de rire aux éclats, et même ne riez que rarement. Cela vous sera facile, si vous êtes fidèle à la prière et si vous faites exactement oraison.

» Considérez souvent ce que vous avez été et ce que vous êtes : ce que vous serez un jour. Vous avez été un pur néant; maintenant vous êtes un vase de terre plein de souillures; vous serez bientôt la pâture des vers. Représentez-vous souvent ces deux cités, dont l'une retentit des plaintes et des regrets de tous ceux qui ont eu le malheur de vivre dans le péché : c'est l'enfer. Dans l'autre on n'entend que des chants d'allégresse et des concerts angéliques ; on y jouit d'une paix inaltérable : c'est le ciel, où Dieu se découvre à ses élus; c'est le paradis. Pensez souvent qu'il vous faudra un jour sortir de ce monde. »

Telles étaient les méditations habituelles de Jean Vendeville, et les règles auxquelles il conformait sa conduite. Deux vertus lui étaient particulièrement chères : la charité et l'humilité. Il avait souvent à la bouche cette parole de saint Augustin : « Aimez, et faites tout ce que vous voulez, » et cette autre de saint Bernard : « Sans l'humilité vous ne pouvez plaire à Dieu. » Il ne commençait aucune action sans avoir adressé à Dieu cette courte prière : « O mon Seigneur, ô mon Dieu, éclairez mes yeux, dissipez mes ténèbres, et venez à mon aide. »

CHAPITRE III

A la pratique de la plus éminente piété, Jean Vendeville joignait l'étude des saintes lettres. Il n'était pas seulement très-versé dans la science du droit et dans la littérature grecque et latine, mais il acquit encore des connaissances très-étendues en théologie, en philosophie et en géométrie. A l'occasion il dissertait sur chacune de ces sciences avec autant de sagacité et de justesse que s'il en eût toujours fait l'objet de son application particulière. Il aimait surtout l'étude de l'histoire, et il s'était spécialement attaché à celle de l'histoire ecclésiastique; prenant des notes sur ce qui avait trait à la conversion des gentils, à la naissance et aux progrès des hérésies, à leurs causes, aux moyens et aux remèdes employés pour les combattre et les extirper du champ du Père de famille. « Nous voyons, disait-il souvent, avec quel zèle et quels fruits prodigieux les apôtres ont propagé l'Evangile; ils l'ont prêché aux nations les plus éloignées, et nous retrouvons encore cet élan sous leurs successeurs immédiats. Mais pourquoi dans les siècles suivants et dans celui qui précède le nôtre a-t-on si peu travaillé à la conversion des pays lointains? » Il assignait trois causes à ce temps d'arrêt : — Premièrement les hérésies qui au temps de Justinien, et surtout de Théodose, de ses fils Arcade et Honorius, et de Théodose le Jeune, surgirent dans l'Eglise de Dieu. A cette époque les peuples chrétiens étaient devenus ou ariens, ou donatistes, ou manichéens ; et les hommes vraiment apostoliques, ayant tant à lutter contre les ennemis intérieurs, ne pouvaient guère songer à étendre au loin les conquêtes de l'Evangile. — Secondement, l'absence des congrégations religieuses, gouvernées par un supérieur général, au sein desquelles les hommes du sanctuaire auraient pu se former à la science sacrée pour être envoyés ensuite dans les lieux où leur présence aurait été jugée plus nécessaire. Saint Basile est le premier qui ait fondé des institutions semblables, et ce n'est même qu'à dater de saint François d'Assise et de saint Dominique que nous trouvons des monastères d'hommes dont la vocation spéciale est de prêcher l'Evangile, de combattre les hérésies et de propager la foi catholique. — Troisièmement, l'ignorance des langues et la difficulté des communications. « Saint Grégoire, disait-il, envoya les enfants de Saint-Benoît à la conversion de la Grande-Bretagne, et sous l'heureuse influence du zèle que ce grand pontife leur avait inspiré, ils devinrent plus tard les apôtres de l'Allemagne, du Danemarck, de la Norwége, de la Suède, de la Pologne et des autres contrées de l'Europe. Ils rencontrèrent dans leur apostolat des difficultés d'autant moins grandes que toutes ces nations étaient voisines des pays catholiques, que l'on connaissait leur langue ou qu'au moins il était plus aisé de l'apprendre. Mais le zèle s'est arrêté devant les peuples plus éloignés, qu'on ne pouvait atteindre qu'avec des difficultés presque insurmontables, des périls à peine croyables, et qu'en traversant d'autres pays barbares qui avaient leur idiome particulier et aussi barbare qu'eux-mêmes. Car Dieu ne nous avait pas encore enseigné la voie des mers, comme dans sa miséricorde, il l'a fait depuis, par les entreprises hardies des Espagnols et des Portugais. »

Un attrait particulier le portait à réfléchir sur les moyens de combattre avec succès les hérésies et de ramener les catholiques à une vie plus conforme aux enseignements de l'Evangile. Il y revenait sans cesse, et autant que ses autres occupations le lui permettaient, il en faisait l'objet de ses profondes méditations. S'il trouvait dans ses lectures quelque trait qui s'y rapportât, il l'annotait avec soin, et ses entretiens avec les hommes instruits qu'il fréquentait ne roulaient guère sur un autre sujet. Après deux ou trois ans d'une étude approfondie, il lui parut que le remède le plus efficace aux maux qui affligeaient l'Eglise était l'établissement des colléges et des séminaires. Il communiqua ses vues aux princes qui gouvernaient la Belgique; il en parla souvent aux hommes influents avec lesquels il était en rapport, et composa un mémoire qu'il envoya à Viglius [1], président du conseil privé, après l'avoir soumis à Maximilien de Berghes, archevêque de Cambrai, dont il

---

[1] Viglius, né près de Leuwarden, dans la seigneurie de Zuichem, patrimoine de ses ancêtres, enseigna le droit à Bourges, où le savant Alciat lui céda sa

estimait singulièrement la sagesse et la science profonde. Ce mémoire fit impression sur Viglius, et en 1569, il fondait à Louvain le collége qui porte son nom. Peu d'années après, le roi d'Espagne ouvrit pour les jeunes gens qui suivaient les cours de théologie, deux séminaires dits *du Roi*, l'un à Louvain, l'autre à Douai. Un peu plus tard encore, le concile provincial de Cambrai, réuni à Mons sous le pontificat de Maximilien de Berghes, décidait l'érection d'un autre séminaire dans la ville de Douai, et les règles concernant son administration étaient arrêtées par les Pères du concile. Il fut définitivement fondé en 1586, et appelé le Séminaire des Evêques. On ne peut guère douter que les autres séminaires institués vers la même époque à Douai et à Louvain n'aient été dus en grande partie au zèle avec lequel Jean Vendeville travaillait à étendre ces établissements si nécessaires pour assurer à l'Eglise des prêtres pieux et instruits. Lui-même il releva à Louvain le collége dit *du Faucon*, qui tombait en ruines. Il intéressa à cette œuvre quelques personnes riches et y contribua de ses propres deniers. Jamais il ne voulut

chaire; ensuite à Padoue. Revenu dans les Pays-Bas, il fut nommé par Charles V, président du conseil de Malines, et plus tard du conseil privé. Pendant le temps des troubles, il se conduisit avec autant de prudence que de zèle pour la chose publique. Etant devenu veuf, il embrassa l'état ecclésiastique et en remplit les devoirs avec beaucoup d'exactitude. Il fut nommé chanoine de Gand en 1569, et presque en même temps gouverneur de Hollande et de Gueldre. Il mourut à Bruxelles en 1577, âgé de soixante-dix ans, et fut enterré dans l'église cathédrale de Gand, où l'on voit son épitaphe :

> *Qui curas regum et regnorum pondera obivit,*
> *Pervigil hoc dormit Viglius in tumulo.*
> *Parce, pios, lector, manes turbare; quietem*
> *Hæc post tot vigiles vindicat umbra dies.*
> *At vigili Vigli exemplo vigil esse memento :*
> *Nil etenim vita est, sit nisi vita vigil.*

consentir à se réserver rien des revenus de cette maison, comme il en avait le droit, et se contenta de la pension qu'il recevait du roi. Tout le reste fut appliqué à l'entretien des écoliers pauvres, et bientôt cet établissement devint un des plus florissants de l'université de Louvain.

Jean Vendeville avait donné l'impulsion, et le mouvement imprimé par lui ne se ralentit pas dans les années qui suivirent. Au moment de la révolution française on comptait à Douai dix-huit séminaires. Nous ne mettons pas de ce nombre celui que l'on appelait *des Huit Prêtres*. Il avait été fondé en 1330 par Marguerite Mullez, et il était plutôt une maison de retraite qu'un séminaire.

Lorsque Rythovius fut élevé en 1562 sur le siége d'Ypres, il se rendit presque immédiatement après son sacre au concile de Trente, avec François Richardot, évêque d'Arras. Il s'y distingua d'une manière toute particulière, et excita plus d'une fois, par la solidité de sa doctrine, l'admiration de Mélancthon lui-même. Mais il poursuivit surtout avec zèle le projet d'ériger dans chaque diocèse un séminaire pour y former les jeunes clercs à la science et aux vertus sacerdotales. Il communiqua aux Pères du concile et développa les notes et tous les plans que Jean Vendeville lui avait remis avant son départ sur cet objet important. La sainte assemblée décréta, dans sa vingt-troisième session, l'établissement des écoles ecclésiastiques, et il paraît bien que les règles si pleines de sagesse, portées alors soit pour l'organisation, soit pour l'administration et le gouvernement de ces pieuses maisons, renferment plusieurs des vues proposées par Jean Vendeville. L'importance de ce décret, qui intéressait à un

aussi haut point la gloire de l'Eglise, l'honneur du clergé
et le bien des âmes, fut tellement apprécié par tous les
prélats, qu'ils s'écrièrent d'une voix unanime, qu'ils se
croiraient complètement dédommagés de tous leurs travaux, quand ils ne retireraient pas d'autre fruit du
concile.

CHAPITRE IV

Fondation de l'université de Douai. — Jean Vendeville y fait établir un cours de conférences religieuses pour les écoliers. — Il travaille à la fondation du collége des Pères jésuites à Douai.

La fondation de l'université de Douai avait précédé de plusieurs années l'érection du séminaire du Roi, et Jean Vendeville a aussi la gloire d'avoir prêté un concours efficace à l'exécution de ce projet.

Dès l'année 1531, les échevins de Douai avaient fait des démarches nombreuses et pressantes auprès de Charles V, pour obtenir dans leur ville l'érection d'une université; mais leur zèle s'était ralenti après la mort de ce prince, et ils avaient cessé leurs instances. Cependant Jean Vendeville était convaincu qu'une université placée dans cette partie des Pays-Bas serait un boulevard puissant contre l'hérésie qui travaillait à tout envahir, et il ne se trompait pas. Cette mesure devait priver les erreurs nouvelles d'un moyen puissant de propagande, en retenant dans le pays une multitude de jeunes gens qui, forcés d'aller chercher la science à l'étranger, se rendaient dans des contrées infectées par l'hérésie, et qui, revenant ensuite atteints eux-mêmes de la contagion, la répandaient autour d'eux. Notre pieux professeur rédigea donc un mémoire où il développait les avantages de ce projet et où il indiquait aussi les moyens d'en assurer le succès. Il fallait commencer par ranimer l'ardeur des magistrats de Douai et provoquer de leur part de nouvelles démarches. Le président Viglius, par suite de l'impression qu'avait produite sur lui la lecture du mémoire de Jean Vendeville, profita d'une occasion qui se présenta bientôt.

Dans le courant du mois de juillet 1560, les magistrats de Douai députèrent vers Marguerite de Parme Jérôme de France, afin de réclamer contre le séjour prolongé des troupes qui, sorties de Saint-Quentin après la conclusion de la paix, étaient une lourde charge pour la ville et les habitants. Jérôme de France, étant demeuré quelque temps à Bruxelles, vit fréquemment Viglius, qui lui témoigna son étonnement et presque son mécontentement de l'inaction des magistrats de Douai concernant cette université dont ils avaient si chaudement sollicité l'érection sous le règne précédent. Il ajouta qu'ils avaient tort de tant redouter l'opposition de la ville et de l'université de Louvain; que le secours de plusieurs personnes influentes ne leur ferait pas défaut, et que lui-même était disposé à les appuyer de tout son pouvoir; que déjà par son conseil, et par celui de Perenotti, évêque d'Arras [1], Philippe II

---

[1] Antoine Perenotti, plus connu sous le nom de Granvelle, sacré évêque d'Arras en 1538, fut élevé en 1561 sur le siége archiépiscopal de Malines, et créé cardinal par le pape Pie IV. Charles-Quint, en abdiquant l'empire, le recommanda à Philippe II, son fils, qui lui témoigna toujours une estime et une confiance particulières, ne concluant presque rien, ni pour ses affaires privées, ni pour les affaires publiques, que par son conseil et par son ministère. Rappelé

avait demandé secrètement et obtenu du souverain pontife
le bref d'érection. Encouragés par ces espérances, les
magistrats de Douai renouvelèrent leurs instances, et
malgré les oppositions sérieuses que fit encore l'université
de Louvain, malgré les sourdes menées de Guillaume le
Taciturne, qui, favorisant l'hérésie, dirigea ses batteries
contre l'œuvre tant désirée, les Douaisiens triomphèrent.
Paul IV avait autorisé l'université de Douai dès 1559, par
un bref qui ne fut pas expédié, à cause de la mort du
pontife, survenue peu de temps après. Son successeur
Pie IV y avait suppléé par sa bulle du 6 janvier 1560;
et l'installation eut lieu le 5 octobre 1562 avec une pompe
extraordinaire.

Jean de Montmorency, gouverneur de la Gallo-Flandre,
s'était rendu à Douai en compagnie de plusieurs seigneurs;
François Richardot, qui avait succédé à Perenotti sur le
siége d'Arras, s'y trouvait avec d'autres prélats. On avait
invité un grand nombre de personnes de marque, et rien
ne fut oublié pour rendre la cérémonie imposante. Dès
le grand matin, les chanoines et le clergé des deux collégiales Saint-Pierre et Saint-Amé, tous les curés de la
ville, chacun avec les prêtres de sa paroisse, les religieux
trinitaires, les dominicains et les franciscains, s'étaient
réunis dans l'église Saint-Pierre. Dès que le gouverneur,
l'évêque d'Arras, les abbés, les seigneurs et tous les
magistrats furent arrivés, le cortége défila, escortant le
saint Sacrement, que l'on tira du tabernacle, et l'on se

par ce prince, il quitta les Pays-Bas en 1564, et fut nommé vers 1570
vice-roi de Naples. Il mourut à Madrid le 21 septembre 1586, à l'âge de
soixante-dix ans.

rendit en bel ordre à l'église Notre-Dame. De là le gouverneur, le bailli, les magistrats et les seigneurs se diri-
gèrent hors de la ville, vers le sanctuaire de Notre-Dame
de Joie, où les attendaient le chancelier et les professeurs
nommés de l'université. Après une allocution de Jérôme
de France, à laquelle répondit Jean Ramus au nom de ses
collègues, ils revinrent à l'église Notre-Dame ; on invoqua
les lumières de l'Esprit-Saint, et on procéda dans la sa-
cristie à l'élection du recteur. Les suffrages se réunirent
sur Wallerand Hangouart, prévôt de la collégiale de Saint-
Amé, qui parut bientôt avec les insignes de sa dignité et
prit rang après messieurs du magistrat. Le cortége se rendit
ensuite sur la grand'place ; l'évêque d'Arras portait le saint
Sacrement. Là on déposa l'Eucharistie sur un autel préparé d'avance ; et l'évêque, du haut d'une estrade, harangua
l'assemblée [1]. Il parla, avec le talent et l'élégance qu'on
lui connaissait, de la nécessité des études et des avantages
que procurerait l'université nouvelle. Le discours terminé,
la procession se rendit à Saint-Amé, où la messe fut
célébrée par l'abbé d'Anchin, Jean Lentailleur, assisté
des doyens de Saint-Amé et de Saint-Pierre ; et après la

[1] Ce discours, et celui par lequel Richardot ouvrit les séances académiques
que donnèrent pendant plusieurs jours avant l'ouverture des cours les nouveaux
professeurs, furent imprimés à Cambrai, chez Nicolas Lombart, en 1562, sous
ce titre : *Les Deux Sermons français et latin faicts par monsieur le révé-
rendissime évesque d'Arras messire François Richardot, et par luy pro-
nonciés à Douay à la solennité célébrée au dict lieu pour le commencement
de la nouvelle université.* Le discours latin fut réimprimé à Saint-Omer en
1608, chez Charles Boscard, avec les discours de Richardot au concile de
Trente et au synode de Cambrai, et l'oraison funèbre de ce prélat par Thomas
Stapleton. Ce recueil, publié par François Schott, forme un volume in-4º de
96 pages. Il porte ce titre : *Rev. et eloquentissimi viri D. Fr. Richardoti
Orationes latinæ.*

messe le saint Sacrement fut reporté à Saint-Pierre , escorté par messieurs du magistrat.

L'université se composait des cinq facultés, de théologie , de droit canonique , de droit civil, de médecine et des arts. Jean Vendeville fut nommé à la chaire primaire de droit : c'était un hommage que le roi d'Espagne avait voulu rendre non-seulement à son mérite , mais encore au zèle avec lequel il avait travaillé à l'heureuse conclusion de cette œuvre importante. En attendant que les constructions destinées aux écoles fussent achevées, on désigna la maison des Huit-Prêtres près l'église Saint-Pierre , pour les leçons de théologie , de médecine, et des langues grecque et latine ; les leçons de droit canon et de droit civil se donnèrent dans la petite chapelle de Sainte-Catherine ; les classes de philosophie se tinrent dans l'ancien château : une maison appartenant au roi Philippe avait été mise à la disposition des maîtres et des élèves.

Tout faisait présager que cette université nouvelle deviendrait bientôt florissante sous les habiles maîtres chargés des différentes branches de l'enseignement. C'étaient, pour le droit, outre Jean Vendeville, Boetius Epo et Adrien Passuit; pour la théologie , Richardot , évêque d'Arras, Wallerand Hangouart, Richard Smith, Jean Rubus ou Dubuisson, et Matthieu Galenus; pour la médecine , Adrien Rodius, Jean Silvius et Mealle Mercatel ; pour les arts, Jean Humétrier, professeur en bonnes lettres, et Jean Corpiau, professeur de la langue grecque. Mais personne n'était désigné pour expliquer publiquement la doctrine chrétienne; il n'y avait pas de conférences religieuses !

et cependant à quoi sert la science si elle n'est pas accompagnée d'un attachement sincère à la foi catholique et d'une vie irréprochable ? Jean Vendeville en témoigna sa peine à Matthieu Galenus, et l'engagea à réunir à certains jours tous les étudiants pour leur développer les fondements de la foi et leur enseigner les obligations du chrétien. Galenus s'excusa : « Cette fonction, disait-il, ne demandait pas seulement un homme qui sût parler facilement et qui fût très-versé dans les sciences théologiques, mais encore un homme qui eût du temps dont il pût disposer ; et il n'en avait pas. » Jean Vendeville fit agir auprès de lui Jean Lentailleur, Arnould Gantois, abbé de Marchiennes, et François Richardot : ils ne furent pas plus heureux. Mais il en fut référé aux messieurs du magistrat, et Galenus se rendit enfin à leurs instances.

Cependant le zèle de notre pieux professeur n'était pas satisfait ; il s'affligeait encore « de ce que, disait-il, il manquait à l'université de Douai *un membre principal.* » Il entendait par là un collége de la compagnie de Jésus, où les jeunes gens auraient été formés à la piété et à la connaissance des lettres humaines. Il usa de toute l'influence que lui donnaient sur Jean Lentailleur, abbé d'Anchin, son ancienne amitié et ses bons services, pour l'engager à fonder à Douai un collége et à le confier aux Pères jésuites. L'abbé d'Anchin entra d'autant plus facilement dans ses vues, qu'il avait particulièrement connu les Pères à Paris et qu'il admirait leur habileté et leur vertu. Cette fondation éprouva des difficultés de plus d'une sorte, et pour les surmonter, Jean Vendeville ne recula point devant des sacrifices personnels qui le mettaient

dans la gêne. Il prévoyait le bien immense que produi-
raient les Pères ; et il approuvait hautement leur méthode,
sans s'inquiéter des contradictions de quelques-uns de ses
confrères de l'université, dont le zèle moins pur voyait
dans les Jésuites des rivaux redoutables qu'il valait mieux
tenir à l'écart.

Il ne lui suffit pas d'avoir procuré à la compagnie de
Jésus un collége à Douai, il fit encore tout ce qui était
en son pouvoir et employa toute son influence pour établir
les Pères dans les autres villes de la Belgique. Aussi le
P. Claude Aquaviva, devenu général de son ordre, lui
adressa-t-il une lettre de remerciement, lui donnant
l'assurance que sa compagnie ne perdrait jamais le souvenir du vif intérêt qu'il lui portait, et du zèle ardent
avec lequel il plaidait chaudement sa cause toutes les fois
qu'il se rencontrait quelque occasion de la défendre et de
soutenir ses intérêts. « Je n'ignore pas, ajoutait-il, quelle
estime faisait de votre dévouement mon prédécesseur,
l'excellent P. Everard Mercurian, de pieuse mémoire. »

CHAPITRE V

Tandis que l'Eglise avait à lutter dans son sein contre les erreurs de Luther et de Calvin, elle se trouvait sérieusement menacée à l'extérieur par la puissance mahométane. La dernière année du pontificat de Pie IV avait été marquée par la résistance héroïque de Jean de la Valette, grand-maître des chevaliers de Malte, que Soliman II était venu attaquer dans son île avec une armée de quatre-vingt mille hommes. Après un siége de quatre mois, où périrent vingt mille Turcs et pendant lesquels il fut tiré sur la ville soixante-dix mille coups de canon, le fier sultan avait été forcé de se retirer. Mais il n'avait pas renoncé à ses idées de conquête, et l'année suivante il s'était précipité sur l'île de Chio, qui appartenait aux Génois. Jean Vendeville ne voyait de salut pour l'Europe que dans une ligue puissante, formée entre les princes chrétiens contre l'ennemi commun. Il rédigea sur ce projet un mémoire solidement appuyé, et peu de temps après l'exaltation de Pie V, il le fit passer au saint pontife par l'entremise du P. Polanc, religieux de la compagnie de Jésus. Pie V lui en témoigna sa satisfaction, et l'informa par l'intermédiaire du même père, qu'il adoptait complètement ses vues. Les lettres nombreuses que Pie V adressa aux princes de la chrétienté, pour les engager à se coaliser contre les infidèles, témoignent en effet de l'importance qu'il donnait à cette mesure, et du zèle avec lequel il travailla à son exécution. Ses instances devinrent encore plus pressantes, après que Selim II, au mépris du traité qu'il avait juré avec les Vénitiens, eut attaqué l'île de Chypre. Les rois de Portugal, de France, de Pologne et l'empereur d'Allemagne refusèrent, sous divers prétextes, d'entrer dans la confédération. Mais la ligue fut conclue au mois de mai 1571, entre le Pape, Philippe II, roi d'Espagne, et la république de Venise. Le 7 octobre de la même année, la victoire de Lépante portait à l'empire ottoman un coup terrible dont il ne se relèvera plus.

En 1567, Jean Vendeville entreprit le pèlerinage de Rome ; il désirait depuis longtemps visiter les tombeaux des saints apôtres, et vénérer ces lieux sanctifiés par les combats et les victoires de tant de martyrs. Il était heureux de converser avec les hauts dignitaires de l'Eglise romaine des affaires de la religion ; il tenait surtout à communiquer au pontife un projet qu'il appelait lui-même *le principal*. C'était le plan d'un séminaire où l'on formerait un grand nombre d'ouvriers apostoliques, destinés à travailler à la conversion des Grecs, des Maronites et même des nations infidèles. Pie V chargea le cardinal de Clairvaux d'exa-

miner ce mémoire et de lui en rendre compte. La mauvaise santé du cardinal l'empêcha de s'occuper activement
de ce travail, et la mort le surprit avant qu'il eût pu
remettre son rapport au souverain pontife. Vendeville ne
crut pas devoir faire alors aucune démarche pour que
Pie V nommât un autre examinateur ; car il savait que
le Saint-Père était surchargé par les préoccupations que lui
donnait la guerre contre les Turcs. Mais sous le pontificat
de Grégoire XIII, il revit son mémoire, qu'il corrobora
d'observations nouvelles, et le fit remettre au Pape. Lorsqu'il en entendit la lecture, Grégoire XIII ne put retenir
ses larmes ; il approuva le projet et exprima l'intention
d'y donner suite. Il ordonna au P. Possevin, jésuite, de
faire un résumé exact et concis des plans proposés par
Jean Vendeville, et il les suivit à quelques modifications
près, pour instituer les colléges destinés à l'éducation des
jeunes gens maronites, grecs et dalmates. Ces maisons
devinrent bientôt des pépinières fécondes ; il en est sorti
un très-grand nombre d'archevêques, d'évêques, et
d'hommes illustres par leur savoir, leur piété et leurs
écrits, qui tous rendirent à l'Eglise les services les plus
éminents [1].

Cependant ce n'était là qu'un commencement d'exécution
du vaste plan proposé par Jean Vendeville ; il ne fut
pleinement réalisé que sous le pontificat d'Urbain VIII,
lorsque ce pontife réunit à la Propagande le collége ou
séminaire de la propagation de la foi. Mgr de Ram possède
deux mémoires autographes qu'il se propose de publier,

[1] Voyez *Histoire universelle de l'Eglise catholique* par l'abbé Rohrbacher,
t. XXV, édit. de 1852.

et par lesquels il conste que ce collége a été institué d'après les idées développées par ce pieux et savant homme. Ainsi a-t-il été le premier instigateur de cette œuvre grandiose, qui depuis son établissement a toujours été l'objet des plus vives sollicitudes des souverains pontifes, et qui fait l'admiration des amis et des ennemis de l'Eglise catholique.

« Le collége de la Propagande, dit Mgr Gerbet dans son *Esquisse de Rome chrétienne*, est l'expression du plus grand et du plus saint effort qui ait été tenté dans aucun établissement humain pour travailler à la restauration de l'unité de la famille chrétienne. La séparation des langues, qui produit ou entretient l'isolement des peuples, est un des signes du brisement de cette unité. Le sauvage ne sait que l'idiome de sa tribu. Les vieilles nations de l'Inde et de la Chine, emprisonnées dans leur civilisation immobile, ne comptent qu'un petit nombre d'hommes qui s'occupent des langues étrangères, et encore ne connaissent-ils que celles des pays les plus voisins. Quelques villes mahométanes, plus en contact avec l'Europe, sont un peu plus avancées. La chrétienté seule est travaillée du besoin de s'initier de plus en plus à ce genre de connaissance, et dans la chrétienté, le collége romain de la Propagande est le foyer le plus général de la communication des langues entre elles..... Les langues rassemblées dans un collége temporel, pour un but d'utilité terrestre, ne seraient pas réellement unies, parce qu'elles ne seraient pas l'expression des mêmes pensées sur Dieu et sur l'homme. A la Propagande, une même vie spirituelle circule indivisiblement dans ces organismes variés de l'intelligence humaine. Les effets de leur antique séparation

se guérissent par leur communion à la même foi et au
même dévouement.... La Propagande est aux antipodes
de Babel [1]. »

« Qui ne connaît, s'écrie M. Ranck, historien protes-
tant, les services immenses que la Propagande a rendus
à la philosophie générale ou à la connaissance générale
des langues? Mais elle s'est surtout appliquée à remplir
avec énergie et grandeur sa mission principale, celle de
la propagation catholique, et dès les premiers temps,
elle réalisa les plus magnifiques résultats [2]. »

« Ainsi Rome moderne, dit un autre ministre protes-
tant, M. Pierre de Joux, dans ses *Lettres sur l'Italie*, après
avoir exprimé toute son admiration pour l'œuvre de la
Propagande, ainsi Rome moderne a pour but unique de
glorifier Dieu, de bannir de la société les vices qui la cor-
rompent, de prêcher des doctrines de paix et d'amour [3]. »

[1] *Esquisse de Rome chrétienne*, t. I, p. 347, 348.
[2] Ranck, t. IV, p. 115.
[3] *Lettres sur l'Italie*, lettre xx, p. 252.

CHAPITRE VI

Jean Vendeville s'était rendu à Rome en compagnie de
Morgan Philips, autrefois recteur du collége Oriel en
Angleterre, et de Guillaume Alan. Ils quittèrent tous trois
dans le même temps la ville éternelle et revinrent ensemble dans les Pays-Bas. Ce fut durant ce voyage que
Guillaume Alan arrêta, d'après les conseils de Vendeville, la fondation du collége des Anglais à Douai. Mais
avant de parler en détail de cette œuvre importante, nous
croyons utile de faire connaître plus amplement ce personnage.

Né à Rossal, dans le Lancashire, en 1532, Guillaume
Alan avait fait de bonnes études à l'université d'Oxford,
à laquelle le cardinal Polus avait rendu toute la pureté
de l'antique foi. Il reçut la tonsure le 16 juillet 1554;
deux ans après il dirigeait le collége de Sainte-Marys-

s'Hall ; en 1558 il était pourvu d'un canonicat à la cathédrale d'Yorck, et vers le même temps il exerçait la
charge d'économe à l'université. Doué d'un caractère énergique, et brûlant d'un zèle ardent pour la religion catholique, il n'avait pas tardé à la défendre par de savants
écrits. Mais cette même année 1558, la reine Marie vint
à mourir, et Elisabeth, fille de Henri VIII et de sa
concubine Anne de Boulen, lui succéda. De calviniste
qu'elle était, cette astucieuse princesse avait abjuré ses
erreurs sous le règne de Marie, et elle ne souffrait pas
alors que l'on doutât de la sincérité de sa conversion.
Elle avait promis à sa sœur mourante de ne jamais
laisser renverser la religion que cette dernière avait réta-
blie, et elle inaugura son règne par le serment solennel
de défendre la foi catholique-romaine et de maintenir la
liberté de ses ministres. Elle écrivit même au Pape, se
disant sa dévote fille et lui demandant sa bénédiction
apostolique afin d'attirer sur son règne les grâces du Ciel.
Hélas ! ce n'était là qu'un calcul de son ambition ; elle
voulait par ces apparences hypocrites disposer le pontife
en sa faveur et tromper les catholiques dont le concours
lui était nécessaire pour assurer sa succession au trône.
Le mensonge et le parjure ne coûtaient rien à cette
princesse possédée de l'amour effréné de la domination,
qui, plus tard, ne devait respecter ni droit des gens,
ni droit divin, ni droit de la nature, lorsqu'ils gêne-
raient sa passion, et qui fit entendre un jour cet affreux
blasphème : « Que Dieu me donne seulement quarante
ans de règne, et je fais fi de son paradis [1]. » Dès qu'elle

[1] Elisabeth fut exaucée au delà de ses désirs : elle régna quarante-cinq ans ;

n'eut plus rien à redouter de l'ascendant des catholiques, cette nouvelle Jézabel déchira son masque, et se montra telle qu'elle était, ennemie acharnée de la foi romaine et persécutrice sanguinaire des vrais enfants de Dieu. Guillaume Alan eut la gloire d'être un des principaux objets de sa haine, et il ne parvint que par la fuite à épargner un crime de plus à cette malheureuse femme qui en a tant commis. Il s'était retiré dans les Pays-Bas [2], d'où il continuait d'écrire contre les innovations de l'Eglise anglicane. Mais bientôt il lui fut impossible d'introduire ses ouvrages en Angleterre : Elisabeth défendit sous les peines les plus sévères, de les garder et même de les lire. Un jésuite, le P. Thomas Alfield, fut condamné à mort pour avoir tenté d'en faire entrer quelques-uns : toute correspondance avec Guillaume était punie comme crime de haute trahison.

Ce généreux confesseur de la foi quittait la ville éternelle, après avoir puisé au tombeau des bienheureux

mais pour la punir de ses crimes, Dieu n'attendit pas l'éternité. Dans les dernières années de sa vie, cette reine impie se dégoûta de l'existence jusqu'à ordonner qu'on la laissât mourir, parce qu'elle y était résolue. Déchirée par des remords qu'elle ne pouvait étouffer, elle avait continuellement auprès d'elle une épée que par moment elle brandissait avec fureur, courant dans ses appartements, obsédée par un esprit de vertige, et frappant à droite et à gauche les tapisseries qui garnissaient les murailles de sa chambre, comme si elle eût mis en fuite des spectres vengeurs. Elle en vint même à refuser de se mettre au lit, et passa ses derniers jours sur des coussins qu'elle fit étendre à terre, disant à ceux qui l'engageaient à se coucher : « Me mettre au lit ! Oh ! si vous saviez ce que j'y ai vu ! » Elle expira dans un état de prostration stupide, le 3 avril 1603, âgée de soixante-dix ans, pouvant fournir un chapitre de plus au livre de Lactance, *De la mort des persécuteurs*.

[2] Guillaume Alan y termina ses études théologiques, et prit successivement ses grades à l'université de Douai : celui de bachelier en 1569; de licencié le dernier jour de janvier 1570 ; de docteur le 16 juillet 1571.

apôtres Pierre et Paul un nouveau courage pour soutenir les combats du Seigneur [1]; et uniquement occupé des moyens de secourir l'Angleterre, où la religion catholique était si cruellement persécutée, il s'entretint surtout, pendant le voyage, avec ses pieux compagnons, de l'urgente nécessité de fournir à sa malheureuse patrie des missionnaires et des prêtres capables de fortifier les catholiques dans leur croyance et de s'opposer vigoureusement aux progrès toujours croissants du schisme et de l'hérésie. Jean Vendeville lui communiqua les plans qu'il venait de proposer au souverain pontife pour la conversion des Grecs et des Maronites; il lui démontra qu'ils étaient applicables à l'Angleterre, et que le moyen le plus sûr de procurer à ce pays les secours spirituels dont il avait un si pressant besoin, serait l'érection d'un collége dans les Pays-Bas, où l'on élèverait des jeunes gens qui, leurs études terminées, passeraient en Angleterre pour y prêcher et y exercer les autres fonctions du saint ministère. Il ajouta que Douai lui paraissait le lieu le plus convenable, et parce que cette ville se distinguait alors par son attachement à la foi catholique, et parce que son université était la plus rapprochée de la Grande-Bretagne. Guillaume Alan accueillit ce projet, et Jean Vendeville lui promit d'user de toute son influence pour en hâter l'exécution.

En effet, dès l'année suivante 1568, il le pressait de

---

[1] Paquot incline à croire que Guillaume Alan reçut la prêtrise à Rome durant ce premier séjour qu'il y fit : mais Guillaume dit positivement dans la lettre qu'en 1590 il écrivit au chapitre de Saint-Rombaut, après sa nomination à l'archevêché de Malines, qu'il a reçu dans cette dernière ville tous les ordres et même la prêtrise : *Mechliniæ omnes ordines ipsumque presbyteratum accepimus :* ce dut être vers 1566.

quitter Louvain et de venir à Douai pour commencer son œuvre. Il y avait vivement intéressé les abbés de Saint-Vaast d'Arras, de Marchiennes et d'Anchin, qui voulaient y prendre part. Guillaume se rendit à Douai, avec Philips, Richard Bristow, Edouard Risdon, Jean Marshal, Jean White, Jérémie Collier et Philippe Raycostian. Ils louèrent une maison qu'ils approprièrent à leur usage, au moyen des aumônes que leur firent les docteurs Thomas Baily, Laurent Webb et Thomas Stapleton : les réglements de la communauté naissante furent dressés par Guillaume Alan, aidé des conseils de Jean Vendeville. Ces jeunes gens n'eurent d'abord pour vivre que le peu de biens qu'ils avaient apportés et qu'ils mirent en commun : ils étaient à Douai depuis sept semaines, lorsque Jean Vendeville écrivit à Viglius pour le prier de recommander cette œuvre au duc d'Albe, gouverneur des Pays-Bas. Voici sa supplique, dont l'autographe est conservé :

« Votre piété singulière qui m'est bien connue, le zèle que vous avez déployé en tant de circonstances pour venir en aide à l'Eglise de Dieu, ce même zèle qui vous a porté à élever un magnifique collége dans la ville de Louvain, m'inspirent la confiance de recourir à vous dans l'intérêt d'une œuvre excellente qui ne fait que commencer ici et qui est de nature à procurer à Dieu une grande gloire. Après y avoir réfléchi mûrement, il m'a semblé que je ne courais aucun risque de prendre cette liberté. Dieu me tiendra compte de mon intention, et si Votre Excellence juge ne pouvoir rien faire dans cette circonstance par elle-même ou par son crédit, sa vive piété et son amour pour Dieu me sont de sûrs garants qu'elle ne s'offensera pas de ma démarche. Voici ce dont il s'agit :

» Deux ou trois hommes recommandables par leur piété et par leur zèle pour la maison de Dieu, qui appartiennent à un ordre très-célèbre dont la Gaule-Belgique, l'Allemagne et même une grande partie du monde chrétien n'oublieront jamais les éminents services (car c'est de cet ordre que sont sortis les Boniface et les autres saints apôtres qui les ont tirées des ténèbres de l'idolâtrie et ont allumé parmi elles le flambeau de l'Evangile), ont pensé, il y a six ou sept mois, qu'il serait avantageux pour le salut de bien des âmes, en Belgique et dans quelques pays voisins, de réunir sous un même toit quelques Anglais qui, ayant quitté leur pays pour cause de religion, vivent ici dans le denûment le plus complet. Jeunes gens de grande espérance, ils ont déjà quelque connaissance en théologie et ont fait d'excellentes études. Si on leur assurait un asile et de quoi vivre médiocrement, ils continueraient leurs cours de théologie. Ceux qui les ont déjà terminés s'appliqueraient d'une manière toute particulière à l'étude de l'histoire et de l'antiquité ecclésiastique, afin d'y exceller, ou du moins d'en acquérir une connaissance peu commune, et au bout de deux ans ou environ, ils repasseraient en Angleterre pour y défendre la religion au péril de leur vie. Si Dieu regarde en pitié ce malheureux pays, il bénirait leurs efforts; ils y rétabliraient promptement la foi romaine au grand profit des âmes dont une seule est si précieuse aux yeux du Seigneur. On croyait qu'il serait également fort avantageux de leur adjoindre quelques-uns de nos compatriotes peu fortunés qui suivent déjà depuis deux ou trois ans avec succès nos cours de théologie; formés à la même école, élevés de la même manière que les Anglais, ils seraient destinés à exercer en Angleterre les fonctions pastorales, ou du moins à venir en aide aux curés : le bien qui reviendrait aux âmes d'une œuvre pareille serait immense.

» Il a paru que ce n'était point là une idée à dédaigner : on a donc sondé les intentions de quatre ou cinq personnes animées des meilleurs sentiments, qui sont en position de consacrer à cette entreprise une aumône considérable, et qui, semblait-il, ne s'y refuseraient pas. Dieu a permis que ces démarches n'aient pas été sans résultat, et c'est ce projet qui est en voie d'exécution. Le jour de saint Michel on s'est procuré en location une maison assez ample et commode, peu éloignée des écoles de théologie, et déjà elle est habitée par cinq ou six Anglais, les uns d'un âge mûr, les autres jeunes gens de vingt-trois ou vingt-quatre ans, tous animés d'excellentes dispositions et donnant les plus belles espérances : deux Flamands se sont joints à eux. Ils ont pour supérieur Guillaume Alan, Anglais de nation, licencié en théologie, désigné dernièrement à la demande du magistrat pour donner à nos jeunes gens de l'université les conférences religieuses. C'est un homme très-versé dans la théologie dogmatique ; à une logique serrée il joint une diction pleine de grâce et d'élégance. Dans ces dernières années, il défendait en Angleterre, avec un rare courage et au péril de sa vie, la cause de la religion catholique, et, comme le témoignent les Anglais qui se trouvent en Belgique, il a ramené à la vraie foi une multitude de personnes de tout rang et de toute condition. Voici environ sept semaines qu'ils vivent réunis, sous une même règle, très-pauvrement, et s'appliquant aux études théologiques, dans le but que j'ai désigné plus haut. Nous en sommes là; et comme les aumônes qui leur sont faites sont loin de suffire, je viens humblement supplier Votre Excellence, au nom de Jésus-Christ, de vouloir bien leur venir en aide, et de solliciter pour une si belle œuvre, auprès du très-illustre seigneur le duc d'Albe, deux ou trois cents couronnes qui seraient prises sur les amendes, ou sur les confiscations, ou ailleurs [1]. »

Cette lettre produisit son effet, et le gouvernement de Philippe II ne tarda pas à assigner au collége anglais un revenu annuel de mille six cents florins. Guillaume Alan, sur la recommandation de Vendeville, fut aussi pourvu d'un canonicat à la métropole de Cambrai, et nommé par le roi à une des chaires de théologie, à l'université de Douai, aux appointements de deux cents francs par an. Sept ans après, Grégoire XIII, informé par les hauts dignitaires de l'université et par les Pères de la compagnie de Jésus, de la détresse de cet établissement, et du nombre toujours croissant des jeunes gens qui venaient s'y préparer, par de bonnes études, aux rudes missions d'Angleterre, appliqua à leur entretien cent cinquante écus d'or par mois.

Cette maison n'a pas seulement produit un grand nombre d'hommes savants qui ont chaleureusement dé-

____
[1] Voir la note A.

fendu par leurs écrits la foi catholique ; mais après cinq
années d'existence, elle avait envoyé en Angleterre près
de cent ecclésiastiques instruits et zélés ; elle a, de plus,
la gloire d'avoir fourni au ciel, en moins de cinquante
ans [1], cent trente-cinq martyrs qui ont versé leur sang
dans la Grande-Bretagne pour la cause de la religion. De
ce nombre fut le célèbre P. Edmond Campian, qui, après
avoir enseigné les humanités, puis la théologie, à Douai,
au collége des Anglais, quitta cette ville pour se rendre
à Rome, et entra dans la compagnie de Jésus en 1573 [2].
Il partit en 1580, avec plusieurs autres jésuites, pour
les missions d'Angleterre, et fut supplicié à Tyburn le
1er décembre 1581 [3].

Jean Vendeville voyait avec bonheur, depuis dix ans,
les heureux fruits de ce collége, dont il pouvait bien se
regarder comme le père, lorsque les échevins de Douai,
cédant aux craintes exagérées qu'on avait su exciter dans
la portion la plus infime de la population, et ne voulant
pas s'exposer à des violences que les émissaires d'Elisabeth étaient parvenus à faire regarder comme inévitables,

---

[1] Voir la note B.

[2] Le zèle de Guillaume Alan était pur et désintéressé ; il voyait non-seulement
sans chagrin, mais encore avec joie, les jeunes gens qu'il avait élevés dans ses
séminaires embrasser la vie religieuse. On peut s'en convaincre par la lettre
que nous avons renvoyée parmi les Notes. Cette lettre fut écrite par lui en 1594
à un de ses meilleurs sujets, Antoine Martin, qui s'était décidé à se donner à
Dieu dans l'ordre du Saint-Benoît. — Voir la note C.

[3] Le P. Bombino, qui a écrit la vie d'Edmond Campian, l'appelle *trois fois
heureux, parce qu'il a été le premier des martyrs anglais.* Il veut dire le
premier des martyrs anglais qui appartînt à la compagnie de Jésus. Car, avant lui,
Cutbert Marie en 1577, Jean Nelson et Thomas Shervodes en 1578, Everard
Hanse dans le courant de 1581, tous trois élèves du collége des Anglais, avaient
souffert le martyre.

ordonnèrent à tous les écoliers anglais de quitter Douai,
en leur rendant pourtant ce témoignage « qu'ils les avoient
veus et cogneus de toute bonne honesteté et catholique
conversation durant les tems qu'ils avoient demeurés et
hantés en cette ville. » Le cardinal de Guise, archevêque de Reims, leur offrit une généreuse hospitalité, et
pourvut Guillaume Alan d'un canonicat dans son église
métropolitaine. Ils ne revinrent à Douai que quinze ans
après. Mais Guillaume Alan n'y reparut plus : sa vie au
reste n'y eût pas été en sûreté. Un misérable gagé par
Elisabeth l'y chercha longtemps pour lui donner la mort.
Un prêtre même de son collège eut le dessein de l'em-
poisonner, comme il l'avoua depuis, pressé par les
remords de sa conscience. Egremond Radcliff, exécuté
en Flandre pour d'autres crimes, confessa sur l'échafaud
qu'il avait été soudoyé pour l'assassiner. La reine d'Angleterre n'épargnait rien pour se défaire de cet homme
suscité de Dieu et appelé à conserver en Angleterre une
étincelle de la foi catholique, qui, nous en avons la
ferme confiance, s'y ranimera un jour. Il est même
permis d'espérer que ce jour n'est pas éloigné. L'Esprit
de Dieu soufflera sur ces ossements arides et desséchés,
et cette grande nation redeviendra digne de ses pères ;
elle méritera encore le surnom de l'*Ile de saints* que les
siècles passés lui ont donné ; et alors, sincèrement unie
à la France par les liens d'une même foi, elle coopérera
avec elle à l'accomplissement des vues miséricordieuses
de Dieu pour le salut du monde.

Appelé à Rome par Sixte V, Guillaume Alan fut créé,
en 1587, cardinal du titre de Sainte-Marie-aux-Monts.

Philippe II le nomma, en 1591, au siége archiépiscopal
de Malines, dont il ne prit jamais possession, parce que
Sixte V ne put se décider à s'en séparer et à se priver de
ses conseils. Il mourut à Rome en 1594, d'une dysurie, et
fut inhumé dans l'église du collége des Anglais, que le pape
Grégoire XIII l'avait autorisé à fonder en 1578, et pour
la direction duquel Guillaume avait vivement sollicité des
Pères de la compagnie de Jésus [1]. On lui éleva un magnifique monument, sur lequel on lit cette inscription :

DEO TRINO ET UNI.

Guilielmo Alano

Lancastriensi

S. R. E. Præsb. Cardin. Angliæ,

Qui extorris à patriâ

Perfunctus laboribus diuturnis,

In orthodoxâ religione tuendâ

Sudoribus multis, in seminariis

Ad salutem patriæ instituendis, fovendis, periculis plurimis,

Ob Eccle. Rom. opere, scriptis,

Omni corporis et animi contentione

Defensam, hic in ejus gremio,

Scientiæ, pietatis, modestiæ,

Integritatis famâ et exemplo clarus,

Ac piis omnibus charus, occubuit

XVII. kal. novemb., anno

Ætat. LXIII, exilii XXXIII,

Inter lacrymas exulum pro religione

Civium, perpetuum illorum effugium,

Gabriel Alanus frater,

Thomas Heschetus, sororis filius,

Fratri, avunculo chariss.

Optiméque merito

Mœrentes posuerunt [2].

[1] Voir la note D.

[2] La vie de Guillaume Alan a été écrite par Nicolas Fitzherbert, clerc anglais
qui fut son secrétaire à Rome. Imprimée dans cette ville en 1608, sous ce
titre : *Epitome vitæ cardinalis Alani*, elle a été réimprimée à Anvers en
1621, format in-12.

Outre les colléges de Douai, de Reims et de Rome, Guillaume Alan a fondé sur le même plan ceux de Séville et de Valladolide en Espagne, et, comme celui de Douai, ils ont été des pépinières de martyrs. « Les autres colléges, dit le dominicain Pollini, étaient des séminaires d'orateurs, de philosophes, de jurisconsultes, de théologiens, de médecins; quant à ceux-là, ils sont et doivent être ainsi nommés en toute vérité, des séminaires de martyrs [1]. » Et le docte et pieux cardinal Baronius s'écriait dans son martyrologe, après avoir parlé de saint Thomas de Cantorbéry : « Notre siècle, en cela plus fortuné, a mérité de voir un grand nombre de Thomas [2], de saints prêtres et de lords couronnés, si je puis ainsi parler, d'un plus beau martyre et honorés d'un double titre de gloire, puisqu'ils ont succombé par une héroïque mort, non-seulement pour défendre la liberté de l'Eglise, comme saint Thomas de Cantorbéry, mais encore pour soutenir, pour rétablir et pour accroître la foi catholique.... Il a vu ceux que les colléges des Anglais, ces asiles sacrés, ces tours élevées contre l'aquilon, ces puissants boulevards de l'Evangile, ont envoyés au triomphe et conduits jusqu'à la couronne. Courage! courage! jeunes Anglais, qui avez donné votre nom à une si illustre milice, et qui avez fait vœu de verser votre sang. Certes, vous m'enflammez d'une sainte émulation, lorsque je vous vois choisis pour le martyre,

---

[1] *Istoria ecclesiastica della rivoluzione d'Inghilterra, etc.*, l. IV, c. xxii. Romæ, 1594.

[2] Il y eut au moins trente-deux Thomas martyrisés sous Henri VIII et Elisabeth. (Note du cardinal Baronius.)

destinés à en revêtir la pourpre resplendissante ; et je me sens heureux de dire : Que mon âme meure de la mort des justes, et que mes derniers moments soient semblables aux leurs. »

On trouvera dans les notes qui suivent cette biographie, les noms des glorieux martyrs sortis des colléges anglais fondés par le zèle de Guillaume Alan et de Jean Vendeville. Mais pour avoir une idée de la douce tolérance d'Elisabeth, qui, malgré ses désordres bien connus et ce fameux décret par lequel elle voulait assurer le sort de ses bâtards, s'il lui en survenait quelques-uns, se faisait appeler *Reine vierge*, il faudrait, à tous ces noms, joindre ceux des prêtres, des évêques, des laïcs, des religieuses qui sous son règne ont été mis à mort pour la religion catholique ; le nombre en est presque infini. Il faudrait rappeler en détail les horribles tourments auxquels cette femme perverse soumettait ces généreux athlètes de la foi romaine avant de leur donner la mort. L'abbé Destombes prépare, sur cette époque sanglante de l'église d'Angleterre, un magnifique travail qui sera plein d'intérêt. Contentons-nous de dire que le tourment qui était le plus au goût de la reine d'Angleterre s'appelait du nom de son inventeur, *la fille de Scavinger*. « Cet instrument de supplice, dit M. Crétineau-Joly dans son *Histoire de la Compagnie de Jésus*, consistait en deux arcs de fer joints ensemble à l'une de leurs extrémités ; l'autre extrémité était recourbée en dehors, et au moyen d'un anneau elles formaient un cercle que l'on pouvait resserrer à volonté. Le patient se mettait à genoux sur la partie où les deux arcs se réunissaient. Le bourreau affaissait la tête et la poitrine ; il pesait de tout son poids sur ce corps, il le refoulait aussi bas que possible, et tout à coup il fermait les arcs par leur extrémité recourbée. Le patient devenait à l'instant même une espèce de boule, qui ne trahissait l'humanité que par le sang jaillissant de ses narines, de ses mains et de ses pieds. »

Guillaume Alan ne laissait pas ignorer à ses élèves les affreux périls qu'ils auraient à braver ; mais le détail de toutes ces tortures qui les attendaient dans leur patrie ne faisait qu'enflammer leur ardeur ; et lorsqu'ils en entendaient le récit de la bouche de ceux d'entre eux qui avaient déjà combattu dans l'arène et qui portaient sur leurs corps les cicatrices qu'y avaient imprimées les bourreaux d'Elisabeth, tous sollicitaient la faveur d'être envoyés à Londres, afin d'avoir l'occasion de souffrir à leur tour et de sceller de leur sang leur amour et leur attachement à la foi de leurs pères.

De nos jours, l'œuvre de Jean Vendeville et d'Alan réveille encore l'admiration et la reconnaissance des catholiques de la Grande-Bretagne pour les deux hommes qui l'ont conçue. Son Eminence le cardinal Wiseman, le 22 août 1852, se servant pour la première fois en public de l'idiome français, s'exprimait en ces termes dans la cathédrale de Cambrai :

« Lorsque le voyageur arrive dans une ville voisine de celle-ci, du lieu où la locomotive fumante suspend sa course rapide, et permet à son pied de toucher le sol, il aperçoit, à peu de distance, un vaste monument dont l'apparence n'a rien de remarquable. Peut-être, se dit-il, est-ce une immense usine, un arsenal, un temple de la justice..... Et il détourne les yeux. Mais pourquoi ce prêtre, qu'à son extérieur on reconnaît pour Anglais, verse-t-il des larmes silencieuses en regardant le même monument? C'est que cette ville où il arrive est Douai, et ce monument le collège des Anglais. Là ont vécu et se sont formés, au milieu du silence et dans l'oubli du monde, ces hommes qui, tour à tour et sans interruption, sont venus, au péril de leur vie, essayer de rallumer dans le cœur de leur patrie, qui leur était si chère et qui les proscrivait, le flambeau de la foi catholique, flambeau qui, dans des temps meilleurs, avait fait de la nation anglaise un peuple de saints.

» Oui, un catholique anglais est heureux de se trouver dans cette province, et de pouvoir y dire que la foi prend de jour en jour un nouvel accroissement dans sa patrie. A cette province on peut appliquer un passage que nous lisons au second livre des Machabées. Vous savez qu'avant de quitter la terre de leurs aïeux pour suivre sur la terre étrangère un vainqueur impitoyable, les prêtres du Très-Haut allèrent cacher le feu sacré au fond d'un puits, espérant que plus tard ce feu serait retrouvé et brillerait encore sur l'autel. Cette province a été comme ce puits : c'est ici que nos prêtres qui échappaient à la persécution, vinrent déposer le feu sacré de la foi catholique, dans l'espoir qu'un jour, reporté en Angleterre, il pourrait encore y éclairer leur patrie. Ah! quand les prêtres de l'ancienne loi fouillèrent le puits sacré, ils ne retirèrent qu'une eau fangeuse, de la boue; mais ils savaient que Dieu ne leur manquerait pas, et bientôt, en effet, le ciel s'ouvre, le soleil perce de ses rayons les épais nuages, le feu pétille sur l'autel et consume les holocaustes. Ainsi les hommes qui fondèrent cette maison dans laquelle nos jeunes catholiques se sont livrés à l'étude, ne se sont pas trompés. Ils ont dit qu'un jour de ce lieu sortirait la lumière qui éclairerait l'Angleterre, et la lumière a paru, et le feu sacré brille, et il s'étend toujours davantage. Que la gloire en soit rendue à Celui à qui seul appartient toute louange. »

Ce collége, converti en hôpital militaire en 1794, fut remis à ses propriétaires en 1801, et devint une filature en 1805 : à cette filature a succédé la caserne actuelle des soldats d'artillerie. On admirait dans l'ancienne chapelle de cette maison un magnifique tabernacle de marbre de Carrare, remarquable par la sculpture du portrait en pied du Sauveur du monde, et par sa riche exposition qui se compose d'élégantes colonnettes en marbres précieux de différentes couleurs. Il fut donné, après la révolution, au vénérable M. Levesque, ancien chanoine de Saint-Amé, nommé vers 1813 doyen-curé de la paroisse Saint-Jacques, qui le fit réparer et placer au maître-autel de son église. Lorsqu'elle fut agrandie, on transporta ce tabernacle dans la chapelle du Saint-Sacrement, où il se voit de nos jours.

CHAPITRE VII

Cette grande sollicitude de Jean Vendeville pour le bien
général de l'Eglise ne lui faisait pas oublier sa propre
sanctification. Il se souvenait de cette maxime de saint
Grégoire, « que s'arrêter dans le chemin de la perfection
c'est reculer. » Il se levait exactement à quatre heures
du matin et s'acquittait de ses prières agenouillé sur la
terre nue : il consacrait ensuite un temps considérable
à la méditation et se mettait au travail. Le soir, après
avoir terminé ses exercices de piété et s'être dépouillé de
ses vêtements, il ne se couchait pas, même au plus fort
de l'hiver, sans s'être de nouveau prosterné et avoir ré-
cité quelque dévote oraison. Il lui arrivait au reste fréquemment pendant la journée, lorsqu'il était seul dans
son cabinet, ou en promenade dans un lieu solitaire,
de se recueillir et d'adresser à Dieu une fervente prière.
Il jeûnait régulièrement tous les vendredis, et s'imposait
une légère abstinence le samedi : un peu de pain et un
verre de bière était toute sa collation. Quelqu'un lui

demanda pourquoi les jours de jeûne il reculait le repas du soir : « C'est que, répondit-il, il faut joindre la prière au jeûne et donner à Dieu le temps que nous retranchons à la table. » Une double hernie lui causait par intervalle de cruelles douleurs; on l'entendait alors dire à Dieu : « Seigneur, que vous êtes bon de nous envoyer ici-bas des souffrances, afin que les supportant avec résignation, parce que telle est votre volonté, nous ayons moins à expier à la sortie de cette vie, et que nous puissions plus promptement jouir des délices de votre royaume! » Lorsqu'il apprenait la mort d'un parent ou d'un ami, il se tenait en garde contre une douleur excessive : « Veillons, disait-il, car nous ne savons ni le jour ni l'heure? » Il tenait une liste de tous ses amis que Dieu appelait à lui, et il se disait à lui-même : « Tu vois, Vendeville, et chaque jour plus clairement, qu'ici-bas les biens et les maux ne sont que passagers. Pourquoi donc estimerais-tu autre chose qu'une vie parfaite qui seule peut conduire à la vie éternelle? » Cette liste était placée dans sa chambre de manière à ce qu'elle ne pût échapper à sa vue; il la repassait souvent pour se pénétrer de plus en plus de la brièveté de la vie et de la vanité de toute chose. Sa sainteté, jointe à un profond savoir, lui conciliait l'amitié des grands, et il la cultivait, non en vue de son intérêt particulier ou de l'intérêt des siens, mais uniquement à cause de ce qu'ils pouvaient faire dans leur position pour le bien de l'Eglise et de l'Etat.

Il remplissait avec un soin extrême les devoirs que lui imposait sa charge de professeur : il composa pour

ses élèves un résumé du droit qu'il connaissait si bien,
et y développa avec une lucidité admirable les questions
les plus usuelles, ramenant toujours tout aux premiers
principes. A l'enseignement des parties les plus subtiles
du droit, il joignit un cours élémentaire des Instilutes;
ce qui ne s'était jamais fait jusque-là; car ce fut à sa
demande que Philippe II érigea ce nouveau cours. Il
compara aussi l'édit perpétuel de Salvius Julianus avec le
code de Théodose et la législation de Justinien, et écrivit
l'histoire des auteurs qui ont traité les matières de jurisprudence, donnant en même temps un précis de leurs
livres. Ces ouvrages, très-vantés par les hommes expérimentés qui avaient assisté à ses leçons, n'ont jamais été
livrés à l'impression.

S'oubliant lui-même dans l'intérêt de la jeunesse, il
suspendit pendant quelque temps son grand cours, et
expliqua les principes élémentaires du droit d'une manière
si intéressante, qu'on accourut en foule pour l'entendre;
on s'étonnait qu'un si grand homme, accoutumé à traiter
les questions les plus épineuses et les plus obscures, sût
se plier à l'enseignement des questions les plus simples.
Il n'épargnait ni peines ni fatigues, donnant ses leçons
pendant deux heures chaque jour, et consentant à examiner encore chez lui chacun de ses élèves afin de s'assurer qu'il en avait été parfaitement compris. Lorsqu'ils
étaient sur le point de prendre leurs grades, il les réu-
nissait aussi dans sa maison et les exerçait à la dispute,
les disposant lui-même à soutenir avec honneur leurs
thèses en public. Enfin il s'intéressait à tous; il se dé-
vouait à l'utilité de tous; un père n'aurait pas déployé

plus de sollicitude pour ses propres enfants. Mgr de Ram, recteur de l'université de Louvain, a publié dans les bulletins de la commission d'histoire, imprimés à Bruxelles, une lettre de Jean Vendeville à Viglius : nous en donnerons ici la traduction, parce qu'elle est un beau monument de ce désintéressement qui, dans l'accomplissement de ses devoirs de professeur, lui faisait rechercher en tout le plus grand avantage de ses élèves. Cette lettre est du 23 mai 1557.

« Monsieur le Président [1],

» Je ne puis m'empêcher de vous communiquer une pensée qui m'est venue, et qui, je n'en doute pas, sera accueillie par vous avec bienveillance, parce qu'elle a trait au plus grand bien de nos étudiants. Après vous avoir quitté, j'ai réfléchi aux avantages qui découleront des deux classes élémentaires de droit, que le Roi, dans sa sagesse, a instituées ; avantages qui avant peu de mois seront déjà très-sensibles, et il m'a paru qu'il serait fort utile à nos jeunes gens que ces deux classes se fissent presque sans interruption et sans être coupées par de nombreuses ou longues vacances. On peut sans inconvénient conserver le congé du dimanche et du jeudi, ou d'un autre jour que le jeudi, lorsque quelque fête tomberait dans la semaine ; mais il faudrait retrancher tout à fait et diminuer de beaucoup les autres congés, comme les vacances de Noël, de Pâques, de la Pentecôte, du Saint-Sacrement, des moissons, des vendanges. Les pro-

[1] Voir la note E.

fesseurs de ces deux cours élémentaires ne devraient pas
avoir plus de congés que les professeurs du collége des
trois langues, ou les professeurs royaux, ou le professeur
qui donne le matin la leçon de théologie. Ces vacances
si longues et si fréquentes des cours de jurisprudence et
de médecine me semblent parfaitement inutiles à ceux
qui n'en sont encore qu'à apprendre les éléments de la
science. D'abord, par suite, on ne peut leur enseigner que
bien peu de chose, et on les retient trop longtemps sur
ces connaissances préliminaires : puis leur amour pour
l'étude se relâche ; ils ont mal à s'y remettre après chaque
congé, et les vacances terminées, ils ont oublié une
grande partie de ce qu'ils avaient appris. Ainsi nul doute
que les jeunes gens étudieront avec plus de zèle et de
profit si les professeurs prennent moins de congés. On
n'a pas à craindre le même danger pour les cours supérieurs : car les élèves plus avancés, lorsqu'il n'y a pas
de classe, étudient en leur particulier, ou s'exercent
entre eux par la dispute, ou bien encore, si pendant les
plus longues vacances, il se rencontre une séance extraordinaire, ils y assistent avec profit. Les commençants ne
sont pas dans des conditions semblables, il leur faut des
cours suivis et non interrompus ; assister à un cours supérieur, c'est perdre leur temps, s'ils ne sont pas solidement basés sur les principes. De plus, si l'on veut
que les jeunes étudiants ne soient plus désireux de leçons
particulières, il faut que les cours publics élémentaires
soient continus ; car ceux qui donnent des leçons particulières les donnent sans interruption. Les jours de congé
et les vacances me sont tout aussi agréables qu'à tout

autre, si je ne consulte que mon goût et mon intérêt particulier ; mais pour le plus grand avantage de nos jeunes gens, et pour le plus grand bien général, que je dois rechercher dans les fonctions que Dieu m'a confiées dans cette province par votre entremise, je suis disposé à accepter un surcroît de travail, et je ferai le sacrifice des vacances s'il m'est imposé ; mais je ne me l'imposerai pas de moi-même et sans ordre, parce que ce serait m'exposer au mécontentement légitime de plusieurs. Que personne donc, je vous en conjure, ne soupçonne rien de ce que je vous écris à cet égard. Quant à mon collègue, je ne connais pas d'une manière bien positive ce qu'il pense de cette mesure ; cependant j'aime à croire qu'il l'acceptera sans peine. Je désire que vous ne vous trompiez pas sur le motif qui me porte à vous écrire cette lettre. Ce n'est point que je craigne de ne pouvoir terminer pour la fin de cette année les *Institutions civiles*, si on nous laisse les congés accoutumés ; car, par la grâce de Dieu, je les achèverai sans peine, et je l'espère aussi, d'une manière utile, bien qu'à raison du peu de temps dont nous disposons et de l'abondance des matières, je sois forcé de restreindre mes explications. Que s'il vous semble qu'en retranchant les congés j'aurai trop de temps pour expliquer les *Institutes* brièvement et d'une manière concise, ainsi que vous le désirez pour ce premier cours, je pourrai, vers la fin de chaque année, y joindre quelques autres leçons, m'en tenant toujours à ce qui n'est qu'élémentaire, comme serait par exemple une courte explication du titre *des règles du droit, ou de la signification des termes.*

» J'ai voulu vous adresser cette lettre lorsque rien encore n'a été réglé, et avant que nos jeunes gens s'aperçoivent que nous prenons les mêmes congés que les autres professeurs. Mon intention eût été de commencer le lendemain de l'Ascension ; mais à cette époque quelques affaires, qui ne concernent que moi, il est vrai, mais qui sont d'un intérêt majeur et ne peuvent être remises, exigent que je m'absente. Au reste nos jeunes gens n'y perdront rien ; car je suis disposé à faire la classe aussitôt après la Pentecôte, sans discontinuer, jusqu'au temps de la moisson, bien que d'ici là je pusse comme les autres jouir d'un grand nombre de congés. Ainsi récupérerai-je la perte d'un très-petit nombre de leçons, et rendrai-je avec un intérêt de cent pour cent les quelques jours dont je disposerai pour moi-même. J'espère me trouver où vous êtes, le lendemain ou le surlendemain de l'Ascension : je profiterai de cette occasion, Dieu aidant, pour aller vous offrir mes salutations, et apprendre de vous-même ce que vous pensez de la proposition que je viens de vous faire.

» Votre très-humble et obéissant serviteur,

» JEAN VENDEVILLE. »

En 1560, Jean Vendeville succéda à Elbert Léoninus [1]

---

[1] Elbert Léoninus, jurisconsulte célèbre, exerça sa part d'influence dans les troubles qui agitèrent notre pays. Il fut longtemps comme un trait d'union entre les différents partis dont il recevait les confidences. Il finit par s'attacher irrévocablement à celui du prince d'Orange, et mourut à Arnhem en 1598. Il a écrit sa propre vie et a senti le besoin de justifier sa conduite : il allègue, entre autres excuses, qu'il s'est dirigé d'après cette maxime de Solon, qui lui était chère : « que dans les discordes civiles un honnête homme doit toujours se mettre du

appelé à une chaire supérieure, et fut nommé professeur
ordinaire de droit canon. En cette qualité il expliqua les
décrétales de Boniface VIII, les Clémentines et les Extra-
vagantes. Au reste, déjà depuis un certain temps,
déplorant le peu d'importance qu'on attachait à l'étude
de cette science, il en avait établi dans sa propre maison
un cours élémentaire, auquel assistaient les élèves qui
consentaient à s'y rendre, et il composa pour eux un
ouvrage qui fut publié après sa mort, par Valère André,
sous ce titre : *Joannis Venduellii Episcopi Tornacensis
Commentarius de principiis et œconomiâ librorum juris
canonici.*

côté du plus faible et embrasser le parti où il se trouve plus de dangers. »
S'il s'était plutôt inspiré des maximes de l'Evangile, il n'aurait pas oublié qu'un
honnête homme ne déserte jamais la cause de la justice et du bon droit.

CHAPITRE VIII

Les rapports de commerce avec les nations infectées par l'hérésie, la proximité de la France, où le calvinisme faisait de rapides progrès, la présence de soldats luthériens dans le pays, avaient contribué à introduire en Belgique les idées de la réforme, et à leur suite, le mépris de l'autorité et l'esprit de sédition. Un grand nombre de seigneurs, les uns dans l'espérance de profiter des troubles pour élever leur fortune ou en réparer les brèches, les autres par l'attrait d'une religion qui s'accommodait mieux avec leurs honteuses passions, favorisaient les doctrines de Calvin, et les provinces wallonnes elles-mêmes n'avaient pas échappé à la contagion. L'hérésie et la révolte s'étaient rendues maîtresses de Valenciennes et de Tournai, et l'on peut lire dans les historiens de cette époque, que de profanations furent commises dans ces deux villes, que de ruines y

furent accumulées par les partisans des erreurs nouvelles.
Il est vrai que Marguerite de Parme, gouvernante des
Pays-Bas, était parvenue par sa sagesse et sa vigueur à
mettre un frein à ces excès. Mais cette pacification n'était
qu'apparente, et lorsqu'elle remit les rênes du gouvernement aux mains du duc d'Albe[1], le feu couvait sous
la cendre, habilement entretenu par les ambitieux et les
sectaires, qui, considérant leur intérêt plutôt que le
salut et la tranquillité des peuples, continuaient à irriter
les Flamands contre le roi d'Espagne en répandant sur
lui les bruits les plus calomnieux.

Jean Vendeville se déclara ouvertement l'intrépide
champion de la religion et de l'autorité du prince. Il se
livra à de laborieuses recherches, rédigea un grand
nombre d'écrits pour démontrer la nécessité de conserver
la foi romaine, et prit à tâche de revenir fréquemment,
dans ses discours publics et dans ses conversations particulières, sur les hautes qualités de Philippe II. Il répétait souvent que jamais la Belgique n'avait été gouvernée
par un prince qui eût plus de vertus, et qu'en France
même il ne voyait que saint Louis qui l'eût emporté
sur lui en sainteté. « C'était la sainteté du roi, affirmait-
il, qui retenait le bras de Dieu et qui empêchait le
Seigneur de punir les Belges d'une manière plus terrible
à cause de leurs crimes. »

Ce jugement que Vendeville portait de Philippe II n'est
pas conforme à celui des écrivains protestants, qui ont
fait de ce prince un être inhumain et sanguinaire, ni
même à celui de quelques-uns de nos historiens catho-

[1] Strada, liv. II. — M. de Gerlache, p. 189 et suiv.

liques. Mais comment a-t-il été jugé par ses contemporains, et plus particulièrement par ceux qui, exempts de tout préjugé de parti, ont dû l'apprécier avec plus d'impartialité ? — « Sous ce rapport, remarque judicieusement M. le baron de Gerlache dans sa magnifique *Histoire des Pays-Bas*[1], nous ne connaissons pas de documents plus intéressants et plus dignes de foi que les *Relations des ambassadeurs vénitiens*. C'étaient des hommes très-pénétrants, qui voyaient le roi d'Espagne de très-près, qui conversaient avec ses ministres et rapportaient exactement à leur cour ce qu'ils avaient appris. Leurs correspondances n'étaient pas destinées à voir le jour : ils disaient le bien comme le mal ; et tous sont d'accord pour représenter Philippe II comme un homme de mœurs douces, d'un commerce agréable et attrayant, juste, bienfaisant, charitable, d'une piété et d'une probité scrupuleuses, mais trop exclusivement espagnol ; d'un esprit profond, laborieux, infatigable dans le cabinet, mais lent à se décider, même dans les circonstances les plus impérieuses ; absorbé dans les détails ; abhorrant la guerre et les grandes entreprises, et tenant surtout à son repos. »

Aussi Jean Vendeville, en défendant Philippe II des imputations calomnieuses propagées par ses ennemis, « rappelait-il en détail, nous dit Zoës, ce que des hommes recommandables, et en particulier Madrucius, nonce du Saint-Siége, lui avaient souvent raconté des vertus de ce prince. »

---

[1] Tome I, p. 100 et suiv. — L'auteur cite le texte même des ambassadeurs vénitiens et d'autres pièces originales qui mettent à néant beaucoup d'assertions erronées de nos historiens contre ce prince indignement calomnié par les ennemis de l'Église

Son zèle pour la justice et le droit ne se bornait point
là : dans la solitude de son cabinet, il étudiait encore
toutes les questions ardues qui agitaient les esprits; il les
discutait dans les fréquentes conférences qu'il avait avec
Maximilien de Berghes, archevêque de Cambrai, Rythovius, évêque d'Ypres, Lentailleur, abbé d'Anchin, et
d'autres personnages d'une grande science et d'une vertu
à toute épreuve. Ce fut lui qui décida ces hommes influents
à envoyer en Espagne une personne sûre pour informer
exactement le roi de tout ce qui se passait dans les Pays-
Bas ; car on était généralement convaincu que l'on cachait
à ce prince le véritable état des choses. Ce fut encore
lui qui rédigea un mémoire pour déterminer le roi
d'Espagne à se réconcilier avec les Hollandais et les
Zélandais : la prolongation de cette guerre était surtout
funeste, parce que ces provinces offraient un refuge
assuré aux turbulents et aux séditieux, qui échappaient
ainsi à la vindicte des lois. Il adressa ce mémoire à
Requesens, qui venait de remplacer le duc d'Albe en
qualité de gouverneur des Pays-Bas. Requesens ne se
contenta point de le remercier en termes très-flatteurs
de son zèle pour la religion et de son dévouement à Sa
Majesté Catholique ; il fit encore traduire ce mémoire
en espagnol et l'envoya au roi. Lui-même, il se hâta de
publier le pardon général octroyé par Philippe II à tous
ceux qui s'étaient compromis dans les derniers troubles,
à la condition toutefois qu'ils respecteraient la religion
catholique. Il chargea aussi quelques hommes prudents
de s'aboucher avec les chefs des provinces rebelles pour
traiter de la paix : il leur écrivit même des lettres pleines

d'affection , les assurant de la clémence du roi ; mais il ne put rien gagner sur eux.

Requesens gémissait de l'inutilité de ses efforts. Ses armes n'étaient pas plus heureuses que sa diplomatie : l'armée navale qu'il avait envoyée au secours de Middelbourg avait été défaite , et la position devenait de plus en plus désespérée. Jean Vendeville se décida à passer lui-même en Espagne, afin d'entretenir le roi des maux incalculables qui continuaient à peser sur le pays. A la vue de tant d'âmes qui périssaient , des autels renversés, des lois foulées aux pieds, il ne put être retenu par l'affection qu'il portait à son épouse , ni par la pensée de la laisser seule dans un pays déchiré par la guerre et les factions. Il obtint une audience de Philippe II, et en fut accueilli avec une bienveillance marquée. Pendant deux heures entières ils s'entretinrent des affaires des Pays-Bas , et le prince ne le congédia qu'après lui avoir fait promettre qu'il lui écrirait fréquemment et qu'il l'informerait avec exactitude de l'état des provinces et de la religion catholique.

Le but de son voyage avait été atteint ; il se mit en route pour revenir dans sa patrie. Mais de grandes tribulations l'attendaient dans le trajet. Il avait pris la voie de mer ; le vaisseau qui le portait fut assailli par une violente tempête, et jeté sur les côtes d'Angleterre. Or, quelques années auparavant, la reine Elisabeth , contre tout droit des gens, s'était emparée d'une somme considérable que des vaisseaux espagnols , forcés de relâcher dans le port de Plymouth, portaient dans les Flandres pour le paiement des troupes du duc d'Albe. Fermant l'oreille aux plaintes du capitaine de l'escadre, et de don Guerao, ambassadeur de Philippe II, se moquant même de leurs réclamations, cette princesse avait fait entrer cet argent dans son épargne et refusait obstinément de le rendre. Le duc d'Albe, justement offensé et usant de représailles, avait saisi quelques vaisseaux anglais qui stationnaient dans les ports de Flandre ; et la mésintelligence survenue à cette occasion entre l'Espagne et l'Angleterre n'était pas encore calmée. Jean Vendeville fut chargé de fers par ordre du gouverneur anglais, et conduit sous bonne escorte à Londres, où la reine devait décider de son sort. Il comprenait bien toute l'étendue du péril : il y allait de sa tête. Cependant sa constance ne fut pas ébranlée. Souvent il répétait ces paroles inspirées à David par la confiance en Dieu [1] : *Virga tua, Domine, et baculus tuus, ipsa me consolata sunt.* Il éprouvait même une grande consolation en se rappelant ces autres paroles de l'apôtre saint Paul [2] : *Non sunt condignæ passiones hujus temporis ad futuram gloriam quæ revelabitur in nobis.* Lorsqu'il songeait qu'il n'avait entrepris le voyage d'Espagne que pour la gloire de Dieu et dans l'intérêt de son prince, il se sentait animé de la ferme espérance ou de mourir avec courage, ou de sortir heureusement de cette position critique. Cet espoir ne fut pas confondu ; car l'ambassadeur de Philippe II auprès de la reine Elisabeth n'eut pas plus tôt été informé de sa captivité, qu'il réclama en sa faveur et le fit rendre à la liberté.

[1] Seigneur, votre houlette m'a nourri, et votre verge même m'a consolé. Ps. xxiii. 5.

[2] Les tribulations de ce temps sont peu de chose en comparaison de la gloire future qui nous sera donnée. Rom. viii. 18.

Jean Vendeville revint à Douai ; mais un nouveau coup
ne tarda point à l'y frapper. Sa femme, qu'il aimait ten-
drement à cause de sa vertu et de la conformité de ses
sentiments avec ceux qu'il professait lui-même, vint à
mourir. Il fut très-affligé de cette perte, mais il la sup-
porta avec une courageuse résignation. Après avoir rendu
à Anne Roelofs les derniers devoirs, il crut que Dieu,
par cette perte cruelle, avait voulu qu'il s'attachât plus
étroitement encore à son service. Il chargea sa fille de
tous les soins domestiques, et pour lui, il multiplia ses
prières, ses jeûnes, ses aumônes et ses pratiques de
dévotion.

Ce fut alors que plusieurs de ses amis l'engagèrent à
recevoir les ordres : ses grandes qualités étaient en effet
un sûr garant du bien immense qu'il procurerait à l'Eglise
s'il était revêtu de quelque dignité ecclésiastique. Mais il
leur répondit que le sacerdoce était un état trop sublime
pour sa faiblesse et qu'il se reconnaissait indigne d'un
pareil honneur.

CHAPITRE IX

Requesens était mort le 5 mai 1576, au moment où il allait couronner sa glorieuse expédition de Zélande par la prise de Ziriczée, et le conseil d'Etat se saisit de l'administration du pays jusqu'à ce que le roi en eût autrement ordonné. Philippe II se laissa persuader par Hopper, qui résidait en Espagne, d'approuver cet état de choses. Mais, dit judicieusement Strada, cette administration de plusieurs n'était pas alors de saison : car c'est surtout dans les grands soulèvements qu'il est bon de confier à un seul toute l'autorité. Le peuple ne craint guère une puissance divisée entre plusieurs; les grands méprisent les commandements de leurs égaux, et parce que les ordres ne s'accordent presque jamais, ils ont un prétexte plus spécieux de les enfreindre. Aussi Philippe II ne tarda point à reconnaître que cette condescendance était plus nuisible aux intérêts du pays que la sévérité déployée jusque-là, et neuf mois étaient à peine écoulés, qu'il ordonnait à Juan d'Autriche de partir pour les Flandres, dont il l'établissait gouverneur. Jean Vendeville fut promptement informé que ce prince, après avoir heureusement traversé la France sous un déguisement, était entré sur les terres du Luxembourg. Aussitôt il dépêcha un courrier à Rythovius et le pressa de se rendre dans cette contrée. Il était important de renseigner l'archiduc et de l'informer exactement de la disposition des esprits. Jean Vendeville suggérait en même temps à l'évêque d'Ypres les avis qu'il serait utile de donner au prince.

Rythovius, qui aussitôt après la clôture du concile de Trente, était revenu en Belgique, se dépensait tout entier à l'administration de son diocèse, prêchant partout la parole de Dieu avec une grande éloquence et une onction remarquable. La réputation qu'il s'était faite par son zèle apostolique avait porté, en 1568, les comtes d'Egmond et de Horn, condamnés à mort par le duc d'Albe, à le demander pour les assister à leurs derniers moments. Deux fois, comme évêque le plus âgé de la province, il avait présidé le concile provincial de Malines, en l'absence de l'archevêque, le cardinal Granvelles, à Malines en 1570, et à Louvain en 1572 : il se préparait alors à célébrer son premier synode diocésain, qui eut lieu l'année suivante (1577), et il travaillait activement à la rédaction de son rituel et des statuts d'une haute sagesse qu'il y publia. Il applaudit à la démarche que lui conseillait son ami dans l'intérêt de la chose publique, et consentit à suspendre ses travaux pour entreprendre ce voyage. Mais aucune raison ne put le déterminer à partir seul, et il exigea que Jean Vendeville l'accompagnât. Il tenait à pouvoir toujours se concerter avec lui, afin d'agir avec plus de prudence dans les entretiens qu'il aurait avec l'archiduc. Ils partirent donc l'un et l'autre pour le Luxembourg, et plaidèrent avec force et chaleur les intérêts du pays et de la religion catholique. Leur visite et les renseignements qu'ils donnèrent, furent si agréables à Juan d'Autriche, que les personnes qui l'approchaient de près affirmèrent qu'il avait reçu Jean Vendeville et Rythovius comme des anges descendus du ciel. Mais, hélas! tout en approuvant les mesures qu'ils lui conseillèrent, le prince ne trouva pas possible de les réaliser, et les factieux continuèrent, non sans succès, à semer la discorde.

Le prince d'Orange était l'âme de tous les complots : « il avait appris de Machiavel, dont il faisait sa lecture favorite, dit Strada, qu'une grande ambition s'accorde mal avec les scrupules religieux. » Né dans le luthéranisme, il avait abjuré l'erreur et professé ouvertement la foi catholique à la cour de Charles V : plus tard, lorsqu'il vit la réforme prendre de l'accroissement en Belgique et devenir un parti redoutable, il abjura la foi catholique à son tour et se fit calviniste. « Tout en persuadant aux peuples, dit Raynal, qu'il n'était occupé que de leur liberté, il ne travaillait qu'à devenir leur maître. Toutes ses démarches, quand on les suit avec attention, décèlent visiblement ses projets, ses vues, sa politique. C'est lui qui, sous de frivoles prétextes, souffla le feu des guerres civiles; il fut le flambeau qui alluma de

tous les côtés la discorde. C'est lui qui divisa irrécon-
ciliablement les esprits et les cœurs, en formant et en
exécutant le plan d'une guerre barbare. C'est lui qui,
successivement luthérien, catholique, calviniste, et par
là même sans religion, proscrivit le culte romain. » Il ne
voyait qu'avec peine l'arrivée de don Juan dans les
Pays-Bas, et il avait fortement pressé le conseil de ne
pas le recevoir, ou du moins de ne le recevoir qu'après
lui avoir fait jurer que les troupes espagnoles quitte-
raient les provinces et qu'il maintiendrait les conven-
tions du traité de Gand. Ce traité, connu sous le nom
de *Pacification de Gand*, et conclu précipitamment par
les états un peu avant l'arrivée de l'archiduc, stipulait
que les troupes étrangères sortiraient des Pays-Bas, et
qu'on modifierait les édits et les placards contre les
hérétiques, qui, de leur côté, s'obligeraient à ne rien
attenter contre la religion catholique, apostolique, romaine.
Guillaume se persuadait que jamais l'archiduc n'adhére-
rait au renvoi des troupes étrangères, s'abandonnant
ainsi sans forces et sans armes à la puissance des états
qui avaient en main les forces et les armes, et que par
suite il ne serait pas accepté comme gouverneur des
Pays-Bas. Mais don Juan désirait par dessus tout mériter
le titre de pacificateur de la Belgique, et il se décida,
contre l'avis de son conseiller Octavio Gonzague, qui
trouvait que les conditions exigées n'étaient ni sages, ni
avantageuses, ni honorables, à accepter la pacification
de Gand. Il crut pourvoir suffisamment à la sûreté de
la religion et à la dignité du roi, en concluant un
accord dans ces termes : « Nous, soussignés, députés

des états, représentant les états, avons promis et pro-
mettons de maintenir perpétuellement ce traité pour la
conservation de notre foi sainte et sacrée, pour l'accomplissement de la pacification de Gand, pour la sortie des
Espagnols et autres troupes étrangères, sauf cependant en
toutes choses le respect et l'obéissance dus à la majesté
royale. »

Alors Guillaume, trompé dans son attente, ayant appris
que les troupes étrangères évacuaient le pays, que don
Juan avait été reçu à Bruxelles au milieu des applau-
dissements de tout le peuple, que chaque jour il lui
arrivait des ambassadeurs de la part des princes voisins,
prit le parti de violer cette *pacification de Gand* qu'il
avait paru défendre avec tant de chaleur, et refusa de
souscrire au maintien de la religion romaine. Il écrivit
en même temps secrètement aux conseillers, aux députés
des provinces, et à tous ses amis, pour les plaindre et
leur donner des conseils; il s'efforça, par tous les moyens
qui étaient en son pouvoir, de semer la défiance contre
don Juan en calomniant ses intentions et en dénaturant
le but des concessions que ce prince avait faites. Parfaitement servi par ses affidés, il fit courir le bruit que
l'archiduc n'avait pas accepté sérieusement la pacification
de Gand; que les subsides demandés à la cour d'Espagne
n'étaient point destinés à hâter la retraite des troupes
étrangères, et que les Allemands et les Espagnols, dont
le départ avait causé tant de joie aux Flamands, étaient
cachés en partie dans le Luxembourg, en partie dans la
Franche-Comté, en partie en France, n'attendant qu'un
signal pour rebrousser chemin et recommencer la guerre.

Les amis du prince d'Orange cherchaient par tous ces bruits à soulever les états d'Artois, et ils n'y réussissaient que trop, lorsqu'effrayé des dispositions hostiles dont s'animaient les populations, Jean Vendeville écrivit de Douai à l'abbé Moullart, qui était député aux états, pour le prier d'en prévenir les conséquences par ses conseils et son autorité. Cette lettre porte la date du 14 juillet 1577. Il y désigne le prince d'Orange et ses créatures comme propageant toutes ces rumeurs, « dans le but de nourrir et d'augmenter les troubles de ces pays, et d'empêcher l'assemblée des états généraux, tâchant par tous moyens à tellement troubler les affaires qu'on ne les puisse démêler, maintenant troublant une province, maintenant l'autre, maintenant quelques nobles, les mettant en diffidence ou autrement. » Il y indique quelques moyens qui seraient propres à remédier promptement au mal, et supplie l'abbé Moullart de les proposer au ministre Escovedo. Si l'on ne se hâte, il redoute le danger de voir bientôt les populations de l'Artois se joindre aux Français, ou du moins demander du secours au duc d'Alençon [1]. Ces prévisions n'étaient que trop fondées. Dès l'année suivante, Valentin Pardieu, seigneur de la Motte, Odoard de Bournonville, baron de Capres, Guillaume de Hornes, Montigny et un grand nombre d'autres seigneurs, détachèrent l'Artois et le Hainaut du parti des confédérés, et appelèrent de France

---

[1] Cette lettre est citée dans les *Monuments pour servir à l'histoire des provinces de Namur, du Hainaut et du Luxembourg.* Elle est écrite en français : à cause de sa longueur, et surtout de son style suranné souvent peu intelligible au commun des lecteurs, nous l'avons rejetée parmi les Notes. Voir la note F.

le duc d'Alençon , ainsi qu'ils l'avaient résolu de concert. Ce prince, qui était à la recherche d'une couronne dont le privait dans sa patrie l'ordre de la naissance, et à qui , paraît-il, le comte de Lalain avait fait espérer le comté du Hainaut, s'empressa d'accourir. Il fut reçu honorablement à Mons par le grand bailli, le comte de Lalain et le duc d'Arschost, s'empara de quelques villes sur les Espagnols, et commença à exercer les fonctions de protecteur de la Flandre, dont le titre lui avait été conféré. Mais nos provinces ne se souciaient pas plus de la domination du duc d'Alençon que de la tyrannie de Guillaume le Taciturne ; et la défiance des grands, la haine des peuples, les soupçons que l'on manifestait de ses vues ambitieuses , le déterminèrent à rentrer promptement en France, sous prétexte de son prochain mariage avec la reine d'Angleterre, qui se promettait tous les ans et ne se mariait jamais.

Au reste , ce n'était pas seulement avec ses amis que Jean Vendeville s'expliquait aussi clairement sur les menées de Guillaume; il ne craignait pas de démasquer à l'occasion les perfidies de ce prince, et il disait bien haut qu'il calomniait le roi, que toutes ses promesses, tous ses conseils, toutes les lettres qu'il écrivait en si grand nombre de tous côtés n'avaient qu'un but, de chasser les Espagnols des Pays-Bas, et d'y détruire du même coup l'autorité royale et la religion catholique.

Guillaume en avait été instruit, et résolut de s'en venger : par ses intrigues, il était parvenu à détacher de la cause de don Juan un très-grand nombre de seigneurs, d'ecclésiastiques, de magistrats, qui l'avaient élu *conserva-*

teur du Brabant, en rétablissant pour lui le vieux titre de Ruart ; cette dignité lui conférait une espèce de dictature. Afin d'attirer Jean Vendeville à Bruxelles, il persuada aux états que sa présence y était nécessaire ; qu'il importait beaucoup d'avoir son avis et de l'entendre sur certaines propositions du baron de Sainte - Aldegonde. Ceux - ci, ne se doutant pas des intentions du prince d'Orange, écrivirent à Jean Vendeville, et il accourut à leur appel. Mais à peine arrivé à Bruxelles, il se voit saisi par les appariteurs et conduit à l'hôtel de ville. Il est accusé de n'être venu que pour conspirer, et on veut lui appliquer la loi portée contre les crimes de haute trahison. Jean se défend avec intrépidité ; il confond ses accusateurs en exhibant les lettres qui avaient réclamé sa présence. Le prince d'Orange en fut pour la honte de son lâche procédé, et le lendemain Jean Vendeville fut mis en liberté.

Cependant l'abbé d'Hannon, qui faisait partie des états, l'engagea, pour sa plus grande sûreté et celle de ses amis, à s'exiler pendant quelque temps, jusqu'à ce que la tempête fût apaisée. Il suivit ce conseil et partit en secret pour Liége. Son séjour y fut de courte durée ; car le magistrat de Douai, déplorant son absence, le supplia de revenir dans cette ville, et il céda à ses vives instances.

Ce ne fut pas pour user de plus de ménagements à l'égard du prince d'Orange, dont la félonie lui paraissait évidente ; et celui-ci, averti par ses espions de la liberté avec laquelle il s'exprimait sur ses actes, envoya des ordres pour le jeter en prison. Jean Vendeville en fut secrètement informé par Philippe Broëde, président du magistrat, avant que les gardes eussent envahi sa maison, et partit furtivement pour Paris. La fuite le sauva, mais la colère du prince d'Orange se déchargea sur ses amis et sur ses proches : on les calomnia, on les menaça, on leur fit subir mille traitements injustes. Jean Vendeville se vit dépouillé de sa charge ; il s'en fallut peu que tous ses biens ne fussent confisqués.

CHAPITRE X

A Paris, on ne tarda point à admirer le talent de Jean Vendeville, son savoir, la perspicacité de son esprit et surtout son incomparable piété. Les plus pressantes instances lui furent faites de s'agréger à l'université et de donner des leçons de jurisprudence ; il aurait participé aux priviléges attachés à cette fonction. Mais il s'était aperçu que les grades ne se conféraient pas avec toute l'équité désirable ; il lui aurait été impossible de suivre de pareils errements, et d'admettre aux degrés ceux qui lui en paraissaient indignes. Cette considération le décida à ne point profiter de ces avances ; il refusa tout avec modestie, et préféra vivre avec un seul domestique, dans un état voisin de l'indigence, plutôt que de s'exposer au danger d'agir contre sa conscience.

Au reste, il ne perdit pas dans l'oisiveté le temps qu'il passa à Paris. Il employa ses loisirs à composer un nou-

veau mémoire sur les affaires des Pays-Bas, et l'envoya
au roi d'Espagne. Ce prince en fut tellement satisfait, qu'il
en fit sa lecture habituelle, et dans bien des circonstances
il se dirigea conformément aux conseils qui lui étaient
suggérés dans cet écrit. Il conçut même dès lors la pensée
de nommer Jean Vendeville membre de son conseil·privé,
et ne tarda point à dépêcher au prince Alexandre de Parme
les lettres par lesquelles il lui conférait cette charge.

Jean Vendeville avait été obligé, à cette époque, de
quitter Paris, où il manquait de tout. Après s'être arrêté
quelque temps à Cologne, il s'était rendu à Namur,
auprès du comte de Bucquoi, qui venait aussi depuis peu
d'être nommé membre du conseil privé. Ce fut là qu'il
reçut du prince de Parme les titres qui l'élevaient à la
même dignité. Quoiqu'il fût le plus habile jurisconsulte
du pays, et que non-seulement en Belgique, mais encore
à Paris et partout, on admirât ses profondes connaissances, sa prudence et sa piété, il craignait, dans son
humilité, que cette charge ne fût trop lourde pour ses
épaules, et il ne céda qu'aux instances pressantes et mo-
tivées de ses amis. Dans la visite qu'il rendit au duc de
Parme, en compagnie du comte de Bucquoi, il parut
devant le prince avec ses vêtements tout usés; car depuis
qu'il avait quitté Douai, sa pauvreté ne lui avait pas
permis de s'en procurer d'autres.

Ainsi Dieu se plaisait-il à justifier la confiance sans
bornes que ce saint homme mettait en la Providence.
Dans toutes les entreprises qui regardaient la gloire divine,
il comptait aveuglément sur le secours d'en haut, et il
est à remarquer que ce secours ne lui a jamais manqué.

Il avait coutume de dire que quand un cœur droit conçoit une vive espérance en l'aide de Dieu, ce sentiment est toujours un mouvement et une inspiration de l'Esprit-Saint.

Déjà depuis quelque temps les Douaisiens l'avaient supplié de revenir au milieu d'eux. Après avoir rendu ses devoirs au duc de Parme et remercié le comte de Bucquoi de son bon accueil, il se dirigea vers Douai. Il y fut reçu par les magistrats, au milieu des manifestations de la joie générale. On connaissait déjà l'honneur insigne dont l'avait revêtu l'autorité du roi ; et l'un des principaux de la ville, se tournant vers ses confrères au moment où Vendeville s'approchait d'eux, et faisant allusion au saint patriarche Joseph, qui, victime d'abord de la jalousie de ses frères, avait été élevé à la plus haute dignité par le roi d'Egypte, leur dit : « Voici Joseph, notre frère, que nous avons persécuté, que nous avons chassé, que nous avons vendu. »

Peu de jours après, il reçut des lettres de Rythovius. Ce saint prélat, que l'on peut comparer aux plus illustres évêques de la primitive Eglise, s'était rendu à Gand dans le courant d'octobre 1577, pour faire partie des états généraux. Il avait combattu avec vigueur les exigences insensées des factieux et des ennemis de la religion catholique, et il partageait la dure captivité de Remi Driutius, évêque de Bruges, de Philippe de Croy, duc d'Archost, et de plusieurs autres personnages illustres qui refusaient comme lui de pactiser avec la révolte et l'impiété. Du fond de sa prison, il n'oubliait pas son troupeau, et il confirmait ses diocésains dans la foi par des lettres qui ont été conservées et où respire l'esprit apostolique. Mais il eût été bien plus rassuré encore sur le sort de son église, s'il avait pu la confier à un autre lui-même. Il reconnaissait dans Jean Vendeville toutes les qualités qui conviennent à un évêque, et il le suppliait, dans les lettres qu'il lui adressait, de consentir à recevoir les ordres, afin qu'il pût le prendre pour son coadjuteur et se décharger sur lui du gouvernement de son diocèse. Mais, plein de défiance de lui-même, Jean Vendeville ne put se résoudre à accepter ce fardeau, et toutes les sollicitations demeurèrent sans effet. Rythovius ne recouvra la liberté qu'en 1581, moyennant une forte rançon, et en échange de deux rebelles que le duc de Parme tenait prisonniers. Devenu libre, il réconcilia les églises de Dixmude, de Furnes et de Dunkerque, que les hérétiques avaient profanées et pillées. Mais il ne put rentrer dans sa ville épiscopale, qui, livrée aux factieux par quelques traîtres en 1578, ne rentra sous l'obéissance qu'en 1584. Il s'était retiré à Saint-Omer : ce fut là qu'après tant de travaux entrepris et supportés pour la gloire de Dieu et de son Eglise, il fut frappé de la peste, et appelé au repos éternel le 9 octobre 1583. Bien qu'il fût pauvre, il fit pourtant des legs assez considérables en faveur de sa cathédrale, de son séminaire et des indigents de Rythoven sa patrie.

CHAPITRE XI

Jean Vendeville travaille à la soumission des provinces wallonnes. — Le traité d'Arras. — Il sollicite des prédicateurs pour les pays rentrés sous l'obéissance.

Lorsque le duc de Parme prit le gouvernement des Pays-Bas, la puissance des confédérés était redoutable. Des dix-sept provinces, trois seulement restaient fidèles à l'Espagne : c'étaient celles de Namur, du Luxembourg et du Limbourg. Mais les provinces wallonnes, où en général le protestantisme avait fait peu de conquêtes, furent les premières à découvrir les projets du prince d'Orange, qui profitait des troubles pour s'ériger en dictateur, et commencèrent à s'élever contre la prééminence hollandaise et protestante. Jean Vendeville, par son influence et ses lettres nombreuses, n'avait pas peu contribué à les maintenir dans leur attachement à la foi catholique, et il déploya la plus grande activité pour les séparer des provinces confédérées et les ramener à l'obéissance qu'elles devaient au prince légitime.

Le seigneur de la Motte Valentin Pardieu, éclairé de plus en plus sur le véritable mobile de Guillaume le

Taciturne, fut le premier à quitter ouvertement son parti.
Il fut bientôt suivi de Mauni, gouverneur de Saint-Omer,
qui, d'après ses conseils, retira du fort Annoi et des autres
places de son gouvernement la garnison des états, pour
en confier la garde à des soldats catholiques qui s'obli-
gèrent par serment à faire la guerre au prince d'Orange
et aux autres ennemis de la religion romaine. Un peu
plus tard cinq mille hommes wallons, dont la plupart
avaient combattu contre ceux de Gand, sous la conduite
d'Emmanuel de Lalain, baron de Montigny, quittèrent
l'armée du prince d'Orange, et portèrent des chapelets au
col pour manifester l'intention où ils étaient de combattre
et de mourir pour la défense de la foi catholique : ce qui
les fit surnommer *soldats du chapelet*. Odoard de Capres,
Ramisger, et un grand nombre d'autres seigneurs de l'Artois et du Hainaut, quittèrent aussi le parti des confédérés.
L'arrivée de Robert de Melun, vicomte de Gand, apporta
quelque retardement à l'exécution entière de l'entreprise;
mais, gagné bientôt lui-même au parti du roi d'Espagne
par Mgr Moullart, évêque d'Arras, il promit d'abandonner
les confédérés et de mourir pour la religion et pour le
roi; et comme on devait tenir sous peu l'assemblée de
l'Artois, Alexandre Farnèse fut prié d'assigner le lieu où
s'assembleraient les députés wallons et ceux du roi d'Espagne pour délibérer sur les bases de la réconciliation.
On désigna le palais abbatial de Saint-Vaast d'Arras; les
députés s'y réunirent vers la fin de février 1579. Jean
Vendeville fut du nombre de ceux que le duc de Parme
y envoya pour défendre les intérêts du roi d'Espagne, et
il contribua puissamment, par sa prudence et ses sages

conseils, avec l'évêque Moullart, Jean Noircarme, baron
de Selles, et Guillaume Le Vasseur, à la conclusion de
la paix. On dressa l'acte de la confédération le 6 avril;
et bientôt les provinces de Lille, Douai, Orchies, et
toute la Flandre gallicane, à l'exception du Tournésis,
commencèrent aussi à traiter de leur réconciliation avec
le roi. Leurs députés s'assemblèrent à Mons avec ceux
d'Artois, au mois de mai suivant; on mit la dernière
main au traité en modérant quelques-unes de ses conditions; et Jean Sarrazin, abbé de Saint-Vaast, fut député
vers le duc de Parme, alors occupé au siége de Maes-
tricht. Il se rendit au camp du prince, accompagné de
Capres, gouverneur d'Arras, et d'une noblesse d'élite.
Ayant été introduits sous le pavillon du duc de Parme,
qu'on avait eu soin d'orner avec magnificence, et où le
prince se trouvait environné de toute sa cour, ils le
saluèrent, et l'abbé de Saint-Vaast prit la parole. Après
avoir atténué la faute des provinces dont il était le député, en la rejetant sur les mauvais traitements qu'elles
avaient essuyés de la part des troupes espagnoles, sur
l'entraînement du temps, sur les séductions exercées
habilement au nom de la liberté de la patrie par des
hommes astucieux qui voulaient les dominer, il rappela
que cependant elles n'avaient pas cessé d'être fidèles à
la religion; que jamais elles ne s'étaient unies par les
armes aux provinces qui avaient abjuré la foi romaine,
ni participé en rien à leurs desseins sacriléges. Il termina
en disant « qu'ils avaient été envoyés par les Artésiens,
les peuples du Hainaut, de Douai, de Lille, d'Orchies,
et les autres peuples voisins, pour prêter au prince

un nouveau serment et lui rendre ses provinces aux
mêmes conditions qu'ils avaient auparavant confirmées
entre les mains du commissaire du roi. » Le duc de
Parme répondit « que toujours il avait bien espéré des
provinces wallonnes, et qu'elles ne seraient pas trom-
pées dans leur confiance en la clémence et en la bonté
du roi ; que Sa Majesté, considérant bien plus leur ancienne fidélité que la rébellion récente à laquelle elles
avaient pris part, leur accordait un pardon complet ; qu'il
leur présentait sa main comme un gage de la foi du roi,
et qu'il écrirait lui-même sous peu à Sa Majesté Catholique pour qu'elle confirmât cette réconciliation selon les
vues de tous. »

En effet, Philippe II n'exigea que de très-légères modifications dans les conditions posées par les états d'Artois,
et la paix, signée le 28 juin, fut proclamée au mois de
septembre suivant dans toutes les provinces wallonnes.
On la célébra par de grandes réjouissances, des proces-
sions et des prières publiques en actions de grâces. Les
autres provinces belges adhérèrent successivement au traité
d'Arras, et bientôt Alexandre Farnèse vit toute la Belgique méridionale rentrer sous la domination du roi
d'Espagne.

Mais il était urgent de réparer les maux causés par
l'hérésie, de détromper les esprits séduits, de relever
ceux qui étaient tombés, de ranimer partout la foi, de
purifier les mœurs et de remettre en honneur les pratiques de la piété chrétienne. Jean Vendeville déplorait
bien plus la perte des âmes que le sac des villes et tant
d'éléments de prospérité matérielle anéantis par suite des

troubles et des guerres ; ayant remontré au prince l'extrême nécessité de procurer aux pays soumis des prédicateurs et des prêtres capables pour y ressusciter la religion
catholique et y rallumer le feu de l'antique foi, il fut
chargé d'y pourvoir, et parcourut tout le pays de Louvain , pour conférer avec l'archevêque de Malines et les
provinciaux des ordres mendiants, sur les moyens d'or-
ganiser des missions. Dans une de ces courses que son
zèle lui avait fait entreprendre, il tomba entre les mains
des brigands dont la contrée était infestée. Ils le traînè-
rent captif à Bergen-op-zoom , où ils le retinrent prison-
nier pendant près d'un mois. Heureusement il ne fut pas
reconnu, et obtint sa liberté moyennant une légère rançon.

CHAPITRE XII

Peu après la pacification des provinces d'Artois et du
Hainaut, les amis de Vendeville et les hommes les plus
recommandables du pays renouvelèrent leurs instances
pour le décider à recevoir les saints ordres. Mais bien
qu'il se fût déjà engagé par vœu à demeurer dans le célibat, il persista dans son refus. Cependant il fut ébranlé ;
car il craignit dès lors d'aller peut-être contre la volonté
de Dieu en résistant à tant de sollicitations pressantes
qui lui étaient faites par des hommes dont il appréciait
les lumières et admirait la sainte vie. Dans sa perplexité,
il eut recours à la prière, et demanda au Seigneur de
l'éclairer sur le parti qu'il avait à prendre pour répondre
aux vues de sa providence. Bientôt non-seulement il
n'éprouva plus de répugnances, mais il sentit même un
vif désir de recevoir les ordres. Il ne manifesta pas tout
de suite ses dispositions nouvelles, et résolut d'attendre
jusqu'après les fêtes de Noël ; car, dès sa plus tendre
jeunesse, il avait contracté l'habitude de se recueillir à

l'approche de ces solennités, d'examiner plus à loisir l'état de son âme, et de décider devant Dieu ce qu'il avait à faire pour s'avancer dans la perfection et répondre pleinement à la grâce. Après la communion qu'il reçut le jour de Noël, son attrait pour l'état ecclésiastique devint plus vif encore ; cette impression fut la même les jours suivants, et, de l'avis de plusieurs théologiens célèbres, d'après les conseils de Mgr Moullart, évêque d'Arras, il se détermina à approcher des saints ordres. Il reçut le sous-diaconat et le diaconat dans le courant de l'année 1580, et fut ordonné prêtre à la fête de la Circoncision de l'année suivante ; il célébra sa première messe le jour de l'Epiphanie.

Pénétré d'une crainte religieuse en voyant approcher le moment où il serait élevé par le sacerdoce à l'auguste dignité d'ambassadeur de Dieu, de coopérateur de Jésus-Christ, de sacrificateur de la loi nouvelle, il voulut se préparer à cette grande action par une confession générale de toute sa vie, et se retira pendant quelques jours à Saint-Omer, dans la maison des Pères jésuites, pour y suivre, sous la conduite de ces religieux, les *Exercices* de saint Ignace. Dans la suite, il aimait à raconter le profit qu'il en avait retiré, et il engageait ses amis à user de ce moyen pour régler leur conduite et mener une vie plus parfaite. Afin de conserver les fruits de cette retraite et tendre toujours avec ardeur à la perfection sacerdotale, il y prit trois résolutions : 1° d'observer en tout temps et en toute chose la tempérance chrétienne ; 2° d'être exact à consacrer chaque jour un temps déterminé à l'oraison mentale ; 3° de remplir avec le plus grand soin jusqu'aux moindres devoirs de son état. Il y ajouta celle de se les rappeler chaque matin après sa prière, et s'obligea à faire une aumône aux pauvres lorsqu'il lui arriverait d'y manquer.

Mgr Pintaflour, évêque de Tournai, était mort le 10 avril 1581 ; et le duc de Parme, aussitôt qu'il eut appris que Vendeville se retirait à Saint-Omer pour se préparer à la prêtrise, l'avait proposé, à son insu, au roi d'Espagne, pour succéder à ce prélat ; mais cette recommandation n'eut pas de suite. A cette époque, les états de Tournai, ayant à leur tête Pierre de Melun, prince d'Epinoy et sénéchal du Hainaut, étaient en pleine révolte contre Philippe II. Le chapitre s'étant refusé avec courage à nommer au siége vaquant une de leurs créatures, ils avaient eux-mêmes, contre tout droit, choisi pour succéder à Mgr Pintaflour, Conrad de Oyembrugghe, qui était chanoine et grand chantre de la cathédrale, et demandé pour lui au souverain Pontife des bulles qu'ils ne purent jamais obtenir. L'église de Tournai demeura veuve trois années entières, et après qu'Alexandre Farnèse y eut rétabli l'autorité du roi d'Espagne, vers la fin de 1581, Philippe II nomma à ce siége Mgr Maximilien Morillon, qui avait longtemps gouverné avec une grande sagesse, en qualité de vicaire général, l'archevêché de Malines. Il ne reçut ses bulles qu'en 1583, et fut consacré le 16 octobre de la même année.

Cependant devenu prêtre, Jean Vendeville s'appliqua à mener une vie plus parfaite encore. Ennemi de tout ce qui ressemble au faste et à l'éclat, il ne portait ja-

mais que des vêtements de la plus grande simplicité ; il
ne souffrait rien de superflu dans sa maison, rien de
recherché ni de précieux dans son ameublement. Il refusait les plus petits présents, afin d'éviter d'en accepter de
considérables. Rarement il mangeait hors de chez lui, et
lorsque les bienséances l'obligeaient de se rendre à une
invitation, il demeurait constamment dans les limites de
la plus stricte sobriété, sans condamner ceux qui n'imi-
taient pas son exemple. Il ne faisait qu'un seul repas
chaque jour, et s'il se trouvait à sa table quelque con-
vive, elle n'en était pas moins modestement servie. Après
une courte lecture dans un livre utile, il entretenait la
conversation en parlant ou de science ou de piété. Il ne
souffrait pas que l'on critiquât en sa présence la conduite du
prochain, et il était industrieux à laisser tomber de pareils
entretiens. Très-rarement les femmes étaient admises à
sa table, et il ne conversait jamais avec elles sans témoin.
Content de son patrimoine, qui était d'un revenu fort
modique, et de la pension de six cents florins environ
qu'il recevait du roi comme membre du conseil privé,
il ne sollicita aucun bénéfice : il songea même à se
démettre de sa charge, parce qu'elle lui paraissait peu
compatible avec les devoirs du sacerdoce ; et il aurait
exécuté ce projet, s'il n'en avait été fortement détourné
par le pieux évêque de Ruremonde, Guillaume Lindanus,
qui calma ses scrupules. Il disait souvent que la nature
se contente de peu et même de beaucoup moins que ce
qu'il possédait ; qu'on pouvait être utile aux pauvres
autrement que par d'abondantes aumônes, et que si l'on
n'était pas toujours à même de leur donner beaucoup,

on pouvait toujours les édifier par de bons exemples.
On l'entendait rappeler souvent ces paroles du Sage :
« Seigneur, je ne vous demande ni la pauvreté ni les
richesses. — Si je possédais une grande fortune, disait-il,
j'en abuserais peut-être, du moins je serais exposé à n'en
faire pas tout l'usage convenable. Il est vrai que j'ai
une fille à marier un jour; mais j'ai toujours pensé qu'il
est avantageux pour un enfant de n'avoir que deux ou
trois cents florins de revenu plutôt que des richesses
considérables. » Il embrassait chaudement la cause des
affligés et des pauvres, et il n'en congédiait jamais
aucun sans secours ou sans consolation.

Sa charité éclata surtout en 1586, pendant la disette
qui affligea la ville de Douai et qui se fit sentir dans
toute la Belgique. La mesure de froment appelée dans le
pays, *rasière*, se vendait treize florins, et bientôt on
l'obtint à grand'peine au prix de vingt florins. La rasière
de seigle coûtait tantôt onze, tantôt seize florins. Les
pauvres et les ouvriers ne pouvaient s'en procurer, et la
plupart ne se nourrissait plus que de pain de fèves et
d'avoine.

Jean Vendeville répétait souvent « que rien ne lui
causait plus de peine que de voir ses frères en si grande
nécessité, lui étant si bien à son aise. » Il retrancha le
plus qu'il put de ses dépenses, afin de secourir les néces-
siteux, et engagea les gens de sa maison, après leur
avoir parlé de la manière la plus touchante de l'obligation d'aimer le prochain, à s'imposer un nouveau carême,
pour trouver, par ce moyen, de quoi soulager les pauvres.
Lorsque ses ressources furent épuisées, il plaida la cause

des indigents auprès de ses amis, et sollicita des aumônes jusque dans le pays de Liége.

Ce fut en 1582 que, sur ses instances, Philippe II fonda à Douai le séminaire du Roi. L'administration de cette maison, comme celle du séminaire de Louvain, fondé en 1579 par le même prince, était confiée aux deux professeurs primaires de théologie, sous la haute surveillance de Jean Vendeville. Il apporta à la direction de ces deux séminaires tout le zèle dont il était capable et que lui inspirait l'importance de ces sortes d'établissements. Par ses soins, ils devinrent tous deux très-florissants, et il y maintint toujours la plus édifiante régularité. Il veillait à ce que les bourses ne fussent accordées qu'aux plus dignes, et ne voulait pas que son suffrage eût plus de poids que celui des autres. Il écrivit souvent aux présidents de ces deux maisons de n'avoir égard à sa recommandation que dans le cas où il y aurait entre les candidats égalité de mérite. Admirant la solide piété et le zèle héroïque que Guillaume Alan savait inspirer aux jeunes gens élevés dans ses colléges, il le pria de lui communiquer ses vues et les pieuses industries dont il se servait pour obtenir de si consolants résultats. Ce fut pour satisfaire à ce désir que Guillaume Alan composa un cours d'instructions sur le gouvernement des séminaires [1].

La ferveur du prêtre dans le service de Dieu est comme une lampe qui s'éteint bientôt lorsque l'huile n'y est pas entretenue avec soin. S'il n'est pas fidèle à se retremper

---

[1] Ce travail n'a pas été livré à l'impression : le manuscrit porte ce titre : *Instructions to D. John Vendeville, concerning the governement of seminares.*

de temps en temps dans la retraite et la méditation des
vérités éternelles, le goût de la prière se ralentit, la
pureté de ses intentions s'altère et se corrompt; l'usage
habituel qu'il fait des choses saintes le familiarise avec
elles, et cette familiarité en énerve bientôt l'efficacité et
la vertu : ce parfum de piété tendre qu'il répandait sur
ses œuvres s'évapore, et insensiblement la nature prend
le dessus sur la grâce. Jean Vendeville n'ignorait pas
ces vérités; et pour éviter ce malheur, non-seulement il
était exact à remplir chaque jour ses exercices de piété,
mais chaque année il consacrait encore un certain temps
à une oraison plus fréquente pour se retremper dans
l'esprit de sa vocation. Pendant toute la semaine sainte,
à cette époque où l'Eglise rappelle à ses enfants le souvenir de la passion de Jésus-Christ, il se retirait dans la
solitude, et là, occupé seulement de sa propre sanctification, et considérant attentivement l'état de son âme,
il s'animait par de pieuses méditations, et par les œuvres
de la pénitence, à la pratique toujours plus parfaite
des vertus propres à son saint état. Chaque année, la
veille de la Circoncision et la veille de l'Epiphanie, pour
célébrer l'anniversaire de son ordination et du jour où,
pour la première fois, il était monté à l'autel, il s'imposait un jeûne rigoureux et pratiquait plus de bonnes
œuvres.

CHAPITRE XIII

Jean Vendeville est nommé évêque de Tournai. — Le pape Sixte V accueille avec bonheur cette nomination. — Jean Vendeville n'accepte qu'après avoir prié et pris conseil. — Son sacre. — Il se démet de sa charge de conseiller.

Maximilien Morillon ne tint le siége de Tournai que trois ans ; il mourut le 27 mars 1586. Le roi d'Espagne désigna Jean Vendeville pour le remplacer. Il connaissait ses belles qualités. Il n'ignorait pas que Rythovius, évêque d'Ypres, avait souvent dit, en parlant de son ami, que rien ne lui manquait pour être un grand prélat ; que le pieux évêque de Saint-Omer, Jean Six [1], avait répondu à ceux qui l'interrogeaient sur le choix de son successeur, qu'il n'en voyait pas de plus capable que Jean Vendeville. Il n'avait pas oublié non plus les recommandations faites cinq ans auparavant par le prince Alexandre Farnèse, et plus récemment par Mgr Jean

[1] Jean Six, né à Lille, y avait été curé de la paroisse Saint-Etienne. Président du grand séminaire de Louvain en 1561, il avait été nommé chanoine et archidiacre de Saint-Omer l'année suivante, et sacré évêque de cette ville en 1581. Il fut surpris d'une fièvre violente tandis qu'il se rendait à Mons pour assister au synode, et mourut à Lille le 11 octobre 1586. Son corps fut inhumé dans l'église de Saint-Etienne ; son cœur fut transporté à Saint-Omer, et déposé dans la cathédrale.

Bonhomme, nonce apostolique. Il le nomma donc pour succéder à Mgr Morillon, le 24 juillet 1587, et les glorieux témoignages qui furent donnés de lui au souverain pontife avaient tellement disposé en sa faveur Sixte V, alors régnant, que malgré l'extrême besoin d'argent pour subvenir aux charges de l'Eglise catholique, ce pape le dispensa de payer les annates et autres droits de ce genre; faveur qui, jusque-là, n'avait été accordée à personne.

Lorsqu'on apprit à Jean Vendeville que le roi le nommait à l'évêché de Tournai, il ne répondit rien; et sa physionomie ne trahit point ce qui se passait alors au fond de son cœur. Mais se défiant trop de son propre jugement pour hâter une détermination dans des circonstances si importantes, il supplia quelques-uns de ses pieux amis d'examiner sérieusement devant Dieu, s'il devait ou non accepter une charge aussi redoutable. Il écrivit à plusieurs supérieurs de collége de la compagnie de Jésus, et à un grand nombre d'abbés, réclamant leurs prières et celles de leurs religieux, afin d'obtenir les lumières qui lui étaient indispensables pour prendre une décision. Il désirait beaucoup décliner cette dignité, mais il ne voulait pas, en la refusant, contrarier peut-être les desseins de Dieu. De son côté, il multiplia ses aumônes et ses austérités; il redoubla ses oraisons, demandant à Dieu qu'il dirigeât tout dans l'intérêt de sa plus grande gloire et du bien des âmes.

Trois jours après qu'il s'en fut ouvert à ses amis, il les invita à se rendre auprès de lui, et les conjura au nom de Dieu et de l'amitié qu'ils lui portaient, de dire

en toute simplicité et sans détour ce qu'ils pensaient
et quelle résolution ils lui conseillaient de prendre. Ils
lui répondirent unanimement et sans hésiter, qu'il devait
accepter. « Votre sentiment, leur dit-il, est conforme
à celui de trois hommes dont j'ai toujours singulièrement
estimé la sagesse et la prudence : de Mgr Rythovius,
évêque d'Ypres, de Mgr Bonhomme, évêque de Ver-
celles et nonce apostolique, et de Mgr Six, évêque de
Saint-Omer. De mon côté, je considère la fin que je
me propose, qui est de travailler à la gloire de Dieu
et au salut du prochain. J'ai été nommé à l'épiscopat
par le Roi Catholique, sans aucune sollicitation de ma
part, et si je refuse, peut-être arrivera-t-il que j'aurai
moins de facilité pour étendre en Belgique le règne de
Jésus-Christ. Sans doute l'épiscopat est une charge redoutable aux anges mêmes, et, selon la pensée de saint
Dénis l'Aréopagite, l'œuvre la plus divine c'est de coo-
pérer, avec le Dieu de toute majesté, à la conversion
des âmes. Vu ma faiblesse, sur laquelle je ne me fais
pas illusion, il serait plus sûr pour moi de refuser cet
honneur. Mais de nos jours, ils sont bien rares les
hommes qui réunissent toutes les qualités requises dans
un évêque, et bien qu'il sente son indignité, celui qui
craint Dieu doit quelquefois se résigner à une charge si
pleine de périls, surtout s'il a quelque espérance d'y
faire un peu de bien. »

Avant sa nomination, ses connaissances le félicitaient
de son élévation future ; mais lui, avec cette humilité
qui lui était propre, répondait : « Oui, le bruit court
que j'ai été désigné à Sa Majesté pour l'épiscopat ; j'ignore

si elle y donnera quelque suite. Que Dieu soit béni ! Je puis affirmer que je n'ai en aucune façon recherché cette dignité. Je n'ignore pas combien elle est pesante, et quelle perfection, quelle vigilance sont nécessaires pour bien remplir une pareille charge. Dieu, sur qui je me repose en tout, sait ce qui convient le mieux pour sa gloire et mon salut. » Dans sa bouche ce langage était bien sincère ; ceux qui vivaient dans son intimité n'en pouvaient pas douter, et ce fut le témoignage que lui rendit Mgr Jean Sarrazin, archevêque de Cambrai, lorsqu'il lui écrivit pour le féliciter. Voici en quels termes il commençait sa lettre :

« On a coutume de dire que les honneurs et les dignités s'attachent aux hommes recommandables et s'acharnent en quelque sorte sur leurs traces ; c'est-à-dire que la gloire suit ceux qui la fuient, et qu'elle échappe aux ambitieux qui la poursuivent. N'en êtes-vous pas un exemple bien frappant ? Pendant ces années de troubles et de divisions, votre savoir, joint à la pureté de votre vie, vous a élevé à l'insigne honneur de membre du conseil privé, et aujourd'hui Sa Majesté Catholique vous désigne pour remplir le siége épiscopal de la ville importante de Tournai. Cette dignité nouvelle est la juste récompense de vos vertus et de votre singulière prudence ; vous n'en êtes pas redevable à l'intrigue ni aux sollicitations des hommes : c'est la Providence seule qui vous y appelle. »

Après son acceptation, Jean Vendeville ne montra pas une humilité moins sincère. Il répondait aux compliments que lui faisaient ses amis : « Ceux qui ont réfléchi aux dangers de l'épiscopat, et qui songent avant tout à leur salut, voient clairement que ce n'est pas là une chose désirable; ils comprennent qu'on ne doit l'accepter qu'avec crainte et tremblement, après avoir consulté Dieu. Il a plu au roi de me nommer au siége de Tournai : après avoir beaucoup prié, après avoir pris conseil d'hommes pieux et éclairés, j'ai accepté, m'appuyant sur le secours de Dieu, qui me donnera, je l'espère, les forces nécessaires pour porter ce fardeau, et des coopérateurs zélés pour travailler avec moi, d'une manière fructueuse, à la culture de la vigne du Père de famille. »

Peu de temps après avoir envoyé au roi son adhésion, il vint à Tournai, où il passa plusieurs jours auprès de D. Marquais, abbé de Saint-Martin. Pour attendre la confirmation du Saint-Siége, sans laquelle il ne pouvait exercer aucun acte d'administration, il se rendit à Douai, sous prétexte de visiter le séminaire du Roi, mais en effet pour se préparer à son sacre par la pratique des exercices spirituels. Il demeura six semaines entières dans une étroite retraite, méditant sur les devoirs qu'il aurait bientôt à remplir, et se disposant à recevoir dans son ordination la plénitude des dons du Saint-Esprit.

Ses bulles arrivèrent de Rome, et il fut sacré à Tournai, le 29 mai 1588, dans le chœur de l'église abbatiale de Saint-Martin, par Mgr Louis de Berlaimont, archevêque de Cambrai, assisté de Mgr Moullart, évêque d'Arras, et de Mgr François Petrart, de l'ordre de Saint-François, évêque de Calcédoine, suffragant de Cambrai. On remarqua en lui une attention plus profonde et une piété toute particulière au moment où, comme cela se pratique dans le sacre des évêques, on plaça sur sa tête le livre des Evangiles. Il savait que cette cérémonie symbolique figure les langues de feu qui autrefois descendirent sur les apôtres, et du fond de son cœur, il demanda à Dieu, avec un redoublement de ferveur, d'éclairer son intelligence et de le revêtir de la force de son Esprit.

Pour se conformer à ses désirs, le repas d'usage fut tel qu'il convient à un évêque, qui doit à son peuple l'exemple de la sobriété, de la frugalité et de la modestie chrétienne. Les années suivantes il ne célébra point l'anniversaire de son sacre par des festins ; mais la veille il jeûnait, et demandait à Dieu la grâce de le servir avec un accroissement de zèle et de ferveur ; le jour même il consacrait plus de temps à l'oraison et distribuait des aumônes plus abondantes.

Il attacha à son service Guillaume Facon, curé de l'église Saint-Jacques à Douai. Cet ecclésiastique d'une haute vertu et d'une grande capacité, que nous retrouverons à son lit de mort, l'aida de ses conseils, et remplit sa charge avec un dévouement sans exemple et une remarquable sagesse.

Le duc de Parme et tous les membres du conseil privé désiraient beaucoup retenir parmi eux Jean Vendeville, car ils l'aimaient et ne croyaient point pouvoir se passer de ses avis et des lumières de son expérience : mais il fut impossible de l'y faire consentir. Voulant être tout entier à son troupeau, il se démit de sa dignité et s'occupa immédiatement de la conduite de son diocèse.

CHAPITRE XIV

Premiers travaux de Jean Vendeville sur le siége de Tournai. — Sa conduite à l'occasion de la censure infligée au P. Lessius par les universités de Louvain et de Douai.

Peu de temps après son sacre, Jean Vendeville appela auprès de lui tous les doyens de chrétienté, et se fit informer par eux de l'état du diocèse. Il apprit que parmi son clergé on comptait beaucoup d'excellents prêtres qui s'acquittaient de leurs devoirs avec zèle et édification ; mais qu'il s'en trouvait aussi un certain nombre qui n'avaient pas la science compétente ou dont la vie n'était pas régulière ; quelques-uns fréquentaient même les foires et les tavernes, ou donnaient d'autres scandales.

Parmi les laïques, on avait à gémir sur de grands désordres. Surtout les dimanches et les jours de fête, le peuple se livrait à l'intempérance, aux disputes, aux rixes et à la débauche. Le jeûne du carême n'était pas généralement observé : les plus fervents croyaient satisfaire au précepte en jeûnant, à cette époque de l'année, trois ou quatre fois par semaine. Les écoles dominicales étaient établies dans les trois principales villes du diocèse ; il ne s'en trouvait pas dans les petites villes ni dans les bourgades. Un très-grand nombre de personnes, à cause des malheurs des temps, n'avaient pas reçu le sacrement de confirmation.

Dès qu'il eut recueilli tous ces renseignements, Jean Vendeville demanda à ses doyens quelles mesures ils jugeaient les plus efficaces pour remédier à tant de maux. Car il tenait à ne rien décider sans les consulter ; il savait de saint Chrysostôme que le Seigneur a appris par son exemple aux évêques à ne pas mépriser les avis de leurs inférieurs et à se concerter avec eux pour travailler plus efficacement à la sanctification des âmes. En effet, il arrive souvent qu'afin de nous prémunir contre l'orgueil et de nous maintenir dans une sage défiance de nos propres pensées, Dieu révèle aux petits ce qu'il cache à des esprits supérieurs. Ainsi, bien que Jéthro adorât les idoles, il donna d'excellents conseils à Moïse, le plus saint des hommes, qui conversait familièrement avec le Seigneur ; et Moïse, bien loin de les mépriser, se félicita de les avoir suivis. Saint Augustin disait aussi : « Malgré l'expérience que j'ai acquise avec l'âge, et quoique je sois évêque, je suis prêt à écouter les avertissements que me donnerait un enfant. »

Il laissa parler les doyens avec une entière liberté, et après qu'il les eut entendus, il statua que chacun d'eux dresserait un catalogue contenant les noms de tous les curés placés sous sa juridiction, et qu'il les partagerait en trois catégories. La première était celle des curés vraiment capables et remplissant avec exactitude toutes leurs obligations ; la seconde, celle des curés dont la science n'était pas suffisante ou dont la vie n'était pas régulière ; la troisième, celle des curés d'une science médiocre et dont la conduite ne méritait ni louange ni blâme. Il témoigna une profonde estime et un amour de père à ceux qui étaient reconnus pour de bons prêtres et de zélés pasteurs. Quant aux ecclésiastiques tout à fait indignes ou incapables, il les appela auprès de lui, et, en présence de leur doyen et d'un curé très-versé dans la théologie, les engagea à renoncer à leur charge, puisqu'ils ne pouvaient l'exercer sans préjudicier à leur salut et à celui des autres. En vertu de son autorité, il priva de tout pouvoir ceux qui s'y refusèrent. Il enjoignit à ceux qui n'avaient pas la science suffisante, mais qui paraissaient pouvoir l'acquérir, de lire la *Somme de la doctrine chrétienne* du P. Canisius, et le *Guide des confesseurs* du P. Polanc ; leur recommandant de se réprésenter deux ou trois mois après, pour être examinés de nouveau. Ce moyen lui réussit merveilleusement. Il interdit le ministère de la confession à ceux qui furent jugés incapables d'acquérir la science nécessaire.

Les doyens sont comme les yeux de l'évêque ; ils doivent surveiller la conduite des prêtres établis sous eux, et dans un grand nombre de diocèses de la Belgique, ils remplissaient même à cette époque une partie des fonctions propres aux archidiacres, sans en avoir toutefois la juridiction. Le diocèse de Tournai ne comptait que cinq décanats : c'était peu. Chaque doyen avait sous sa surveillance trop de paroisses pour remplir sa charge d'une manière satisfaisante. Jean Vendeville en créa sept nouveaux : il voulut que le diocèse de Tournai en comptât autant que le diocèse d'Arras, qui n'était pas plus populeux. Dans la lettre circulaire par laquelle il informe ses prêtres de sa détermination [1], il leur rappelle que, peu de temps après sa consécration, il avait adjoint à chaque doyen deux vicaires, parce que, chargés eux-mêmes de conduire seuls les grandes paroisses dont ils étaient curés, il leur était impossible d'étendre une sollicitude convenable sur les autres paroisses de leur doyenné. « Nous n'avons eu, dit-il, qu'à nous applaudir de cette mesure ; mais parce que nous désirons mieux encore, nous avons décidé de diviser notre diocèse en douze doyennés, ainsi qu'il suit :

1º Le doyenné de Tournai, qui comprendra trente-une paroisses : Auchy, Blandin, Bruilles, Baisieu, Bachy, Bouvines, Bourghelle, Cobrieu, Cysoing, Chéreng, Capelle, Camphain, Ere, Esplechin, Froimont, Genech, Gruzon, Hertain, Hollain, Jollain, Lamain, Louvy,

---

[1] Joannes Venduillius, Dei et apostolicæ Sedis gratiâ Episcopus Tornacensis, universis et singulis præsentes litteras inspecturis, salutem in Domino.

Cum latius paterent decanatus nostræ diœcesis, quàm ut unus decanus possit commodè et ut oportet superintendere parochiis sibi commissis, præsertim cum decani soleant esse pastores et quidem magnarum parochiarum : paulo post nostram consecrationem, singulis decanis adjunximus duos vicarios seu adjutores, quâ ex re Dei beneficio provenit fructus non contemnendus, non tantus tamen quantum optabamus et sperabamus, idque eâ potissimum de causâ, quod illi decani destituerentur auctoritate necessariâ ad magnum fructum faciendum. Quamobrem superioribus septimanis re diligenter expensâ et cum nostro vicariatu communicatâ, de ejusdem concilio resolvimus singulos decanatus dividere et diœcesim in duodecim decanatus distribuere, tot scilicet quot sunt in diœcési Atrebatensi, quæ etsi paulo plures parochias quàm hæc, non tamen plures habet animas, quarum cura habenda est : quam resolutionem nostram ad effectum perducentes, in duodecim decanatus diœcesim divisimus, assignatis cuique decanatui suis parochiis, in eum qui sequitur modum.

(Charta Joan. Venduillii de divisione sui episcopatus in duodecim decanatus. 22 junii 1588.)

Nomain, Orchies, Rumes, Teintignies, Templeuve, Wez, Velvain, Wanehain et Willemeau.

2° Le doyenné de Saint-Amand, qui comptera dix-sept paroisses : Saint-Amand, Aix, Beuvry, Brillon, Celle, Maude, Hespaing, Houardrie, Landas, Lesdain, Mouchin, Nivelle, Rosuth, Rongy, Rumignies, Sameon, Thuns.

3° Le doyenné d'Helchin, qui se composera de vingt paroisses : Helchin, Dottignies, Anselghem, Avelghem, Haute-Rive, Bellinghem, Bossu, Castre, Espière, Coyeghem, Hestrudt, Ingoyeghem, Kerckouen, Moenen, Otteghem, Rolleghem, Saint-Genois, Thieghem, Wichle, Warmaede.

4° Le doyenné de Tourcoing, qui aura dix paroisses : Tourcoing, Evregnies, Herseaux, Linselle, Lincq, Mouscron, Neuville, Roncq, Mouvaux, Saint-Léger.

5° Le doyenné de Roubaix, qui contiendra dix-sept paroisses : Roubaix, Bailleul, Estembourg, Estimpuy, Hem, Lys, Lannoy, Lers, Nechin, Pecq, Ramegnies, Sailly, Templeuve, Toufflers, Warcoing, Waterloo, Willems.

6° Le doyenné de Lille, qui comptera onze paroisses : Saint-Maurice, Saint-Etienne, Saint-Sauveur, Saint-Pierre, Sainte-Catherine, Esquermes, Wazemmes, la Madeleine, Saint-André, Faches et Fives.

7° Le doyenné de Quesnoy, qui contiendra vingt paroisses : Quesnoy, Asq, Emmerin, Anappe, Anstain, Bondues, Croix, Deulémont, Flers, Frelinghien, Hellemmes, Lecquin, Lezennes, Loos, Marcq, Marquette, Ronchin, Tressin, Wambrechies, Wasqual.

8° Le doyenné de Wavrin, qui se composera de vingt-deux paroisses : Ennetières, Beaucamps, Campenghem, Englos, Arquinghem, Lesecq, Escobecques, Haubourdin, Hallennes, Houplines, Lambersart, Ligny, Lomme, Lomprez, Mesnil, Perenchies, Premesques, Radinghem, Santes, Sequédin, Wavrin, Verlinghem.

9° Le doyenné de Courtrai, qui comptera dix-neuf paroisses : Courtrai, Bavechove, Beveren, Bisseghem, Cuernes, Dherlik, Desselghem, Geuleghem, Harlebecq, Heulle, Hulst, Ingelmunster, Iseghem, Londelle, Marck, Morseelle, Wevelghem, Zweveveghem, Oyeghem.

10° Le doyenné de Menin, qui comptera onze paroisses : Menin, Aelbeck, Bousebeck, Commines, Holberg, Ghelevelt, Halluin, Hauthem, Lauwe, Reckhem, Wervich.

11° Le doyenné de Seclin, qui aura seize paroisses : Seclin, Annevelin, Avelin, Antroelle, Fretin, Houplin, Marcque, Noyelle, Peronne, Sainghien, Templemars, Wattignies, Tourmignies, Mérignies, Bersée, Mons-en-Pevèle.

12° Le doyenné de Carnin, qui contiendra quinze paroisses : Carnin, Camphin, Bauvin, Provin, Attiches, Anneulin, Meurchin, Phalempin, Thumeries, Wahagnies, Gondecourt, Allennes, Hevin, Chemis, Pontavendin [1].

Jean Vendeville rassembla aussi tous ses curés, et les

[1] Cette division du diocèse de Tournai en douze doyennés ne subsista qu'un certain temps. Plus tard, ce nombre de douze fut réduit à huit. Carnin, Menin, Roubaix, Quesnoy ne figurent plus parmi les doyennés, et nous trouvons le doyenné de Wervick qui remplace celui de Quesnoy.

engagea avec larmes à mener toujours une vie sacerdotale, et à ne perdre jamais de vue la sublimité de
leur état et la sainteté de leurs fonctions. Il leur recommanda d'observer fidèlement la tempérance, qui est la
mère et la gardienne de la chasteté ; d'éviter les occa-
sions dangereuses, et surtout l'oisiveté, source de tous
les désordres ; les avertissant qu'il punirait sévèrement
les coupables, conformément aux saints canons.

Il exigea des doyens et du promoteur qu'ils ne pla-
çassent à la tête des paroisses que des hommes solidement vertueux et jugés, après un sérieux examen,
capables de bien instruire les peuples. Il fit publier à
l'université de Douai et en plusieurs endroits de son
diocèse, les cures vacantes : elles furent mises au concours, et données à ceux qui furent jugés les plus dignes.
C'était un excellent moyen d'exciter l'émulation. Afin de
rendre les examens plus solennels, il les présidait
exactement lui-même. Il assistait également à ceux des
jeunes clercs appelés aux saints ordres, et, après la
cérémonie de l'ordination, il les entretenait de l'obligation où sont les ecclésiastiques, et principalement les
diacres et sous-diacres, de mener une vie exemplaire.
Dans ces circonstances, il leur parlait avec tant de cœur
que très-souvent il ne pouvait retenir ses larmes. Il les
engageait à remplir fréquemment les fonctions propres à
l'ordre qu'ils avaient reçu, à s'appliquer à l'étude, à
contracter l'habitude de la prière, de la méditation et
de toutes les pratiques de la piété chrétienne ; mais surtout à exciter en eux une charité vive par le détachement
de toutes les vanités du siècle, et la considération assidue

des bienfaits de Dieu, et spécialement de la rédemption opérée par Jésus-Christ.

S'il se rencontrait qu'un curé produisît moins de fruit dans sa paroisse, ou parce qu'il ne s'entendait pas avec le seigneur du lieu et les paroissiens, ou parce qu'exerçant le ministère au milieu des hérétiques, une science plus grande lui eût été nécessaire, il le nommait à un autre poste, ou bien il lui assignait une pension sur les revenus de la cure qu'il quittait : souvent cette pension, il la payait de ses propres deniers. Il avait ordonné que pour la provision des bénéfices, on n'exigeât aucun droit, jugeant ces sortes de coutumes abusives, inconvenantes, illégitimes, condamnées par les canons et le saint concile de Trente.

A l'égard des ecclésiastiques ou des curés qui avaient failli, il se conduisait comme un bon père envers ses enfants. « Les peines purement afflictives, disait-il, lorsqu'elles sont sévères, rendent sans doute les scandales plus rares ; mais si l'on ne s'efforce d'exciter le coupable au repentir, la peine qu'il a subie ne le rend pas meilleur ; et pourtant le but principal que doit se proposer un pasteur et un père en infligeant un châtiment, n'est-ce pas l'amendement du coupable ? » Si les fautes n'étaient pas de la dernière gravité, il commandait aux délinquants, pour le temps qu'ils resteraient dans la prison de l'officialité, de réciter chaque jour, à genoux, les psaumes de la pénitence avec les litanies, et de lire quelque bon livre qui les aidât à reconnaître leurs péchés et à les détester. Il leur mettait ordinairement entre les mains le livre de Denys le Chartreux *sur les quatre fins dernières*, ou un traité sur la vie et les vertus des clercs, ou *la Guide des pécheurs* de Louis de Grenade. Il leur envoyait des Pères de la compagnie de Jésus, ou des prêtres pieux, pour leur expliquer ce qu'ils lisaient et les exciter à la douleur de leurs fautes. Enfin il exigeait qu'après s'y être ainsi préparés, ils fissent à un père jésuite une confession générale de toute leur vie, et qu'ensuite ils se confessassent tous les quinze jours, pendant trois mois, à ce même père ou à un autre de la même compagnie.

Chaque doyen devait avoir sous la main au moins un père jésuite ou un autre religieux mendiant qu'il pût envoyer prêcher et catéchiser dans les paroisses où le curé ne prêchait pas soit par négligence soit par incapacité, jusqu'à ce que l'évêque y eût pourvu. Il établit que dans les villages, les sermons de l'avent et du carême auraient principalement pour objet de porter le peuple à la pénitence et à l'amendement de la vie. Aux autres époques de l'année, les curés devaient expliquer, d'une manière claire et pratique, l'épître ou l'évangile du jour, et exposer simplement la doctrine chrétienne. Jean Vendeville trouvait deux avantages à cette méthode : le peuple était instruit d'une manière plus sûre des vérités nécessaires au salut, et les curés acquéraient une connaissance plus solide de la science sacrée.

Le trop célèbre docteur et chancelier de l'université de Louvain, Jean Baïus, qui avait été forcé, en 1580, à rétracter ses erreurs, avait suscité, en 1587, entre les universités de Louvain et de Douai, et les Pères jésuites, de nouveaux troubles. Il fit censurer par ces deux écoles, avant même les éclaircissements que voulait donner Lessius [1], un recueil de quelques propositions tirées plus ou moins exactement des thèses soutenues par ce pieux et docte religieux. En les tronquant, en les altérant, en épiloguant sur les intentions de l'auteur, il leur avait donné une certaine couleur semi-pélagienne. Ainsi parvint-il à surprendre, outre le peuple, toujours précipité, la plupart même des évêques du pays, et particulièrement les deux métropolitains de Malines et de Cambrai, qui, en 1588, signèrent cette censure et la firent signer par une foule d'ecclésiastiques empressés à leur plaire. Mais l'évêque de Tournai ne fut pas du nombre des complaisants, et Jean de Stryen, évêque de Middelbourg, Lievin Vanden Beken, évêque d'Anvers, imitèrent son

[1] Saint François de Sales professait une profonde estime pour les vertus et la doctrine du P. Lessius, et il la lui exprimait en ces termes dans une lettre qu'il lui adressa d'Annecy le 26 août 1618. — Voir la note F.

« Le P. Gabriel, que je chéris très-particulièrement, m'a remis la lettre que Votre Paternité m'a fait l'honneur de m'écrire, et qui m'a causé une joie très-sensible. Ce n'est pas d'aujourd'hui que j'ai de l'amitié et même de la vénération pour vous et pour votre nom, mon cher père, non-seulement par cette raison générale, que j'ai coutume de faire grand cas de tout ce qui vient de votre compagnie, mais encore pour avoir ouï dire de Votre Révérence en particulier plusieurs belles choses dont j'ai été témoin dans la suite et que je n'ai pu m'empêcher d'admirer. »

Le saint lui témoigne ensuite le plaisir que lui ont causé plusieurs de ses ouvrages, et le félicite plus spécialement de ses opinions sur la prédestination :

« J'ai vu dans la bibliothèque du collége de Lyon votre *Traité de la prédestination*.... J'ai remarqué que Votre Paternité était de cette opinion si ancienne, si consolante, et si autorisée par le témoignage même des Ecritures prises dans leur sens naturel, savoir que *Dieu prédestine les hommes à la gloire en conséquence de leurs mérites prévus;* ce qui a été pour moi le sujet d'une grande joie, ayant toujours regardé cette doctrine comme la plus conforme à la miséricorde de Dieu et à sa grâce, comme la plus approchante de la vérité, et la plus propre à nous porter à aimer Dieu, ainsi que je l'ai insinué dans mon *Traité de l'amour de Dieu.* »

exemple. Le 10 juillet, le nonce Octave Frangipain rendait un jugement provisionnel, tel que le général des Jésuites l'avait demandé au Saint-Père, dans sa supplique, pour accélérer la fin de la division; et nous voyons par le registre des actes du vicariat de Tournai, qui repose aux archives du royaume de Belgique, sous la rubrique *Evéché de Tournai* N° 248, que le 7 septembre suivant Jean Vendeville communiquait les lettres du nonce à l'abbé de Saint-Martin, au prieur des Augustins et au gardien des Frères mineurs.

Il est vrai que deux ans plus tard, le 15 février 1591, Jean Vendeville apposa son nom à une convention passée entre Bossémius, chancelier de l'université de Douai, le docteur Guillaume Estius, le P. Decker et le P. de la Haye dit Servius, jésuites, par laquelle ces derniers s'engagèrent à ne plus enseigner à Douai la doctrine censurée par l'université, jusqu'à la définition décisive que l'on attendait du souverain Pontife sur ces matières. L'évêque d'Arras, Matthieu Moullart, alléguant une règle de l'institut des Jésuites, dont, à son insu, il faisait une fausse application, avait persuadé à Jean Vendeville que cette mesure, qui ne préjugeait rien, était le seul moyen de rétablir dans les écoles la concorde et la paix, et ce dernier s'était laissé convaincre. Mais sa signature apposée à cet acte n'était pas plus une reconnaissance de la légitimité de la censure à laquelle il avait refusé de souscrire trois ans auparavant, que la signature des PP. jésuites Decker et de la Haye. C'est donc à tort que le janséniste Gouget, dans son édition du *Dictionnaire de Moréri*, prétend que Jean Vendeville a soutenu avec force et vigueur la censure infligée à Lessius par les universités de Louvain et de Douai. Au reste, ce n'est pas le malheur de se tromper qui constitue un hérétique, mais l'obstination dans l'erreur lorsqu'elle est condamnée par l'autorité compétente ; et l'on sait qu'à la voix de Pierre toute cette tempête s'apaisa. Les évêques des Pays-Bas reconnurent que leur bonne foi avait été surprise ; les universités de Louvain et de Douai se condamnèrent elles-mêmes et rendirent au Saint-Siége une obéissance plus inviolable que jamais.

M. Crétineau-Joly, qui n'avait pas les mêmes raisons que Gouget de travestir notre pieux prélat en défenseur obstiné de doctrines réprouvées plus tard par l'Eglise, s'est également trompé pour n'avoir pas suffisamment connu toutes les circonstances de cette affaire. On lit dans son *Histoire de la Compagnie de Jésus*[1] : « Baïus était mort, mais ses théories lui survivaient. Jean Vendeville, évêque de Tournai, et Matthieu Moullart, évêque d'Arras, accourent à Douai, où la querelle venait d'être transportée. Ils s'offrent pour médiateurs entre les deux partis : leur médiation était intéressée ; car, *en secret*, ils soutenaient plusieurs propositions que Baius lui-même n'aurait pas désavouées. » Or le refus que fit l'évêque de Tournai, en 1588, d'apposer, comme la plupart de ses confrères, sa signature à la censure de l'université de Louvain, prouve bien qu'il ne défendait pas les doctrines opposées à celles des Jésuites, avec toute l'ardeur que M. Crétineau-Joly lui suppose. De plus, quels que fussent les sentiments personnels de Vendeville et de

____
[1] Tome III, p. 23. Paris, 1844.

Moullart sur les questions en litige, ils n'avaient ni l'un ni l'autre aucune raison de les cacher et de *les soutenir en secret*, puisque le souverain Pontife avait laissé aux docteurs de Louvain et de Douai, comme aux Jésuites, pleine liberté de defendre leurs opinions jusqu'à ce que le Saint-Siége en eût statué, et que Jean Vendeville et Moullart moururent avant le jugement définitif du Siége apostolique.

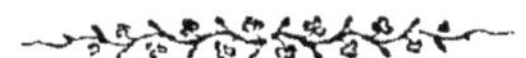

CHAPITRE XV

Jean Vendeville visite son diocèse. — Il se livre au ministère de la parole. — Ses idées sur la prédication pastorale.

Le Sauveur du monde revenait souvent dans les lieux qu'il avait déjà évangélisés; les apôtres visitaient fréquemment les églises qu'ils avaient fondées. Possidius raconte avec quelles fatigues saint Augustin entreprenait de longs voyages pour visiter les églises et les monastères placés sous sa juridiction; et dans les siècles passés, il n'est pas un saint évêque qui, comprenant bien les avantages inappréciables des visites pastorales, n'ait rempli ce devoir avec zèle. C'est alors que, voyant tout par ses yeux, l'évêque est mieux instruit des besoins de son troupeau, et peut choisir plus sûrement les moyens de corriger les abus et de consolider le bien déjà fait.

Jean Vendeville commença la visite de son diocèse par les lieux les plus considérables [1]; mais auparavant il enjoignit aux pasteurs de préparer leurs paroissiens en

[1] Il se trouvait à Lille au mois d'août 1588. Le 18 de ce mois, il bénissait et posait la première pierre de l'église des Religieux dominicains; en 1578, ils avaient été obligés, par le mauvais vouloir de Guillaume le Taciturne, de quitter

les instruisant de la nécessité et des effets du sacrement
de confirmation , et de les disposer, par la confession et
la communion , à le recevoir avec fruit. Il serait difficile de dire quelles consolations il recueillit dans l'accomplissement de ce devoir. On accourait en foule aux
lieux où il se rendait , les uns pour participer aux bienfaits de la confirmation , les autres pour jouir du bonheur
de voir leur évêque et d'être béni de lui. Le curé adressait
ordinairement une exhortation au peuple. L'évêque prenait
la parole après le curé, et portait les assistants à la crainte
de Dieu et à son amour. Il recommandait à tous un profond attachement à la foi catholique et à la pratique des
bonnes œuvres. Il ne voulait pas qu'il y eût une seule
âme dans toute cette multitude , qui s'en retournât sans
avoir retiré de sa présence quelque fruit spirituel.

Pendant la première année de son épiscopat, il donna
la confirmation à soixante mille personnes, parmi lesquelles on comptait un grand nombre de vieillards âgés
de soixante-dix et même de quatre-vingts ans. Ce concours immense , la piété, le recueillement de toutes ces
populations inondaient d'une sainte joie le cœur de Jean
Vendeville. Il était infatigable , et ni la faim ni la soif
ne pouvaient l'empêcher de passer des journées entières
à administrer le sacrement de confirmation.

Après la cérémonie , il s'entretenait en particulier avec
les curés, et insistait surtout sur l'exactitude à bien enseigner le catéchisme et à former la jeunesse à une vie

le couvent qu'ils occupaient hors de la ville , non loin de la porte Saint-Pierre ,
et de venir s'établir dans l'intérieur de Lille, où ils possédaient une maison :
elle leur avait été donnée , en 1368, par Robert , seigneur de Fiennes et conné-
table de France.

chrétienne. Il disait que les instructions reçues dans le jeune âge font sur nous une impression ineffaçable, et que nous pratiquons toujours avec plus de facilité les vertus auxquelles nous avons été façonnés dès l'enfance.

Il visita aussi toutes les églises, toutes les collégiales et les monastères qui relevaient de lui. Il avait recommandé aux curés de le traiter toujours, ainsi que les gens de sa suite, avec une grande frugalité. Il veillait à ce que ses visites pastorales ne fussent pas l'occasion de repas somptueux qui auraient été une charge pesante pour ses prêtres, à cause des dépenses qu'ils auraient dû faire. Il voyageait en voiture, et le temps employé à passer d'une paroisse à une autre était sanctifié par la prière, la récitation des psaumes et l'action de grâces. Tout ce qu'on remarquait en lui était pour les autres un sujet d'édification, et ceux mêmes qui étaient mal disposés à son égard étaient forcés de louer sa modestie, sa douceur, sa bonté et sa charité chrétienne.

Il est encore pour les évêques une autre obligation que le saint concile de Trente compte parmi leurs principaux devoirs, c'est de nourrir le peuple de Dieu de la sainte parole. Aussi voyons-nous que saint Ambroise, saint Eloi et beaucoup d'autres prélats ne se sont pas crus dispensés de la prédication, bien qu'avant leur ordination ils n'eussent pas une connaissance fort approfondie des saintes lettres.

Pendant les huit ou neuf premiers mois de son épiscopat, Jean Vendeville, absorbé par une multitude de soins plus pressants, comme il arrive au commencement d'une administration nouvelle, ne prêcha qu'à l'occasion

des ordinations et des confirmations; mais une fois sortis
de ces embarras, il résolut d'annoncer souvent la parole
de Dieu, et on l'entendit fréquemment à Tournai et
dans les autres villes du diocèse.

Il se rencontra des personnes qui blâmèrent son zèle ;
le voyant avec peine ressusciter une pratique négligée par
ses prédécesseurs et depuis longtemps tombée en désué-
tude, elles l'engagèrent à se ménager davantage. A raison
de son âge déjà avancé, disaient-elles, et des douleurs
que lui faisait souvent éprouver une double hernie, il
devait s'abstenir des fatigues inséparables de la prédication, ou du moins ne prêcher point dans de vastes églises,
devant des auditoires nombreux qui exigeaient toujours
plus d'effort et de préparation. Mais il ne prêta aucune
attention à ces conseils. Il répondait que pour sa santé,
il en abandonnait entièrement le soin à Dieu, qui ne
lui imposerait jamais un travail au-dessus de ses forces ;
que pour la préparation de ses discours, il n'en était pas
d'un sermon comme d'une harangue judiciaire ou d'un
discours académique ; qu'il ne s'agissait pas de polir des
phrases, d'accumuler des figures de rhétorique, mais
de parler simplement, de manière à instruire et à toucher ; que des enfants ne cherchaient pas dans les avis
donnés par leurs parents, un style poli, des termes parfaitement choisis, tout l'art des rhéteurs ; qu'un évêque
était le père de ses diocésains, et que pour leur parler
avec fruit, il lui suffisait d'exposer simplement la doctrine
chrétienne et de soutenir par la sainteté de sa vie ce
qu'il prêchait aux autres.

C'était là ce qu'il pratiquait en effet lui-même. Il pré

chait fréquemment et avec zèle, se proposant uniquement
le bien spirituel de ses auditeurs. Il revenait souvent sur
la nature du péché et la nécessité d'en éviter les occa-
sions ; la sanctification des dimanches et des fêtes, le
bon emploi des autres jours de la semaine, qui sont
consacrés au travail pour subvenir aux besoins de la
famille ; l'obligation des pères et mères de donner de
pieux exemples à leurs enfants et à leurs serviteurs.
Fréquemment aussi il traitait les quatre fins de l'homme ;
ou bien il développait les effets du sacrement de pénitence et les dispositions avec lesquelles il faut le recevoir,
et engageait les fidèles à s'approcher des sacrements au
moins aux grandes fêtes de l'année.

Au mois de février 1588, il publia pour ses prêtres
un *Manuel du prédicateur* [1], qu'il avait composé pour
eux. Il y indiquait une série d'instructions religieuses sur
les sujets les plus pratiques. Il attendait un heureux
résultat de la méthode qu'il y donnait ; car dans le synode
qu'il tint l'année suivante, il exige que les prêtres qui
lui sont soumis, et les prédicateurs étrangers qui seront
admis à prêcher dans son diocèse, la suivent au moins
pendant deux ans. « S'ils sont fidèles à sa recommandation, leur dit-il, les deux ans ne seront pas écoulés
qu'ils en recueilleront déjà des fruits abondants. »

Il gémissait souvent et avec larmes sur l'état du monde

---

[1] Ce manuel avait pour titre : *Quædam magni momenti ad non parum
promovendum honorem Dei et salutem animarum, ab omnibus decanis
christianitatis, pastoribus, concionatoribus et confessariis diœcesis Tornacensis diligenter observanda hoc anno usque in diem Cinerum anni
proximi* 1589 : format in-4°, de l'imprimerie de Jean Bogard, à Douai. Il
nous a été impossible de retrouver un seul exemplaire de ce livret.

chrétien. « Il y a, disait-il, plus de prêtres qu'il n'en faudrait pour sanctifier mille mondes ; pourquoi donc si peu de conversions ? pourquoi voyons-nous toujours les mêmes vices et les mêmes désordres ? C'est la faute des ecclésiastiques qui s'engagent dans le ministère de la prédication sans avoir acquis la science suffisante, et qui parlent de manière à se rendre méprisables et inutiles aux autres ; ou de ceux qui ne manquent ni de science ni de capacité, mais dont la vie est comme un démenti donné à leurs discours. Oh ! craignons que Dieu, irrité de tant de crimes, ne répande sur nous la coupe de ses vengeances ! N'a-t-il pas agi de la sorte, au temps de Valentinien, à l'égard de l'Italie, des Gaules, de l'Afrique, lorsqu'il a laissé déborder sur ces contrées les hordes barbares des Goths, des Vandales, des Francs et des Huns ? n'est-ce pas ainsi qu'il a puni la Syrie et l'Egypte, et que, de nos jours, la Hongrie a été dévastée par les bandes sanguinaires du faux prophète ? »

Ces pressentiments de nouveaux malheurs qui menaçaient le monde, l'engagèrent à écrire au pape Sixte V, pour le supplier de procurer à l'Eglise des prédicateurs puissants en œuvres, qui exhortassent à la pénitence le clergé et le peuple, et exerçassent autant d'ascendant par leur vertu que par leur parole. « Jonas, lui disait-il, convertit les Ninivites, et ils furent sauvés. Quels changements merveilleux se produisirent plus tard par les prédications de saint François d'Assise et de saint Dominique ! Quels ne furent pas, dans les siècles postérieurs, les prodiges opérés par le zèle d'un saint Vincent Ferrier et d'un saint Bernardin ? »

Il suggérait au pontife d'ouvrir des séminaires dans les monastères des Franciscains et des Dominicains. Il estimait plus particulièrement ces deux ordres, à cause du vif éclat qu'ils jetaient dans l'Eglise de Dieu par leur science et leur vertu. C'étaient les Franciscains et les Dominicains que l'on appelait le plus ordinairement pour remplir les chaires catholiques pendant l'avent et le carême, à ces époques où l'Eglise invite avec plus d'instance ses enfants à embrasser les saintes rigueurs de la pénitence et à réformer leur vie. Les monastères de religieuses choisissaient aussi de préférence leurs confesseurs parmi eux, ainsi qu'un grand nombre de princes et de seigneurs, dont la conduite exerce toujours une si grande influence sur la foule, qui se dirige d'ordinaire d'après les exemples de ceux qu'elle voit au dessus d'elle. Pour toutes ces raisons, Jean Vendeville était convaincu que le moyen le plus efficace d'augmenter le nombre des prédicateurs vraiment capables et zélés serait d'appeler à les former, ces religieux si animés de l'esprit apostolique, si universellement recherchés, si justement et si généralement vénérés. Le pontife répondit qu'il partageait ses désirs ; il le félicita de son zèle, qui, ne se bornant pas au diocèse de Tournai, s'étendait à toute l'Eglise.

CHAPITRE XVI

Vie intérieure de Jean Vendeville après son élévation à l'épiscopat.

La vie privée de Jean Vendeville sur le siége de Tournai fut ce qu'elle avait toujours été, une vie simple et mortifiée. Il ne faisait aucun cas de ce que le vulgaire admire ; et on ne voyait dans son palais ni étoffes de prix, ni tapis magnifiques, ni diamants, ni dorures, ni statues précieuses, rien enfin de ces riches futilités que l'on rencontre chez les grands du monde. Les murailles de ses appartements n'étaient pas couvertes de tentures splendides, mais de cartes géographiques. Dans sa mise, il ne différait pas des autres ecclésiastiques : il avait moins à cœur de faire parade de sa dignité que d'agir en évêque. Sa table était de la plus grande frugalité : il y invitait les ecclésiastiques, quel que fût leur rang dans la hiérarchie, quelquefois de pieux laïcs, presque jamais de grands seigneurs. Il n'avait ni chiens de chasse ni chevaux de race ; il ne se trouvait dans ses écuries que deux chevaux fort ordinaires, dont il se servait pour visiter ses curés et ses ouailles.

Cette modestie, il l'exigeait des gens de sa maison, et ne tolérait pas pour leur usage un ameublement somptueux ; disant que les péchés des serviteurs retombent sur leurs maîtres aux yeux de Dieu et aux yeux des hommes ; que s'il ne savait pas gouverner sa maison, il saurait encore moins gouverner son église. Il aimait à répéter avec saint Bernard que les personnes placées au service des évêques doivent donner l'exemple aux autres. Il n'avait que les domestiques absolument nécessaires ; car il détestait tout ce qui sent le faste et l'ostentation. Sa suite consistait en trois, quelquefois quatre prêtres ; les autres étaient des clercs ou des hommes pieux qui vivaient comme des clercs. A neuf heures du soir, on sonnait la cloche, et l'on se rendait à la chapelle pour la prière. Il y assistait aussi, et donnait à tous l'exemple du recueillement et de la piété. La prière terminée, chacun se retirait à sa chambre pour prendre son repos.

Quelqu'un lui dit un jour qu'en menant une vie si humble, il ne relevait guère l'éclat de l'épiscopat. Voici quelle fut sa réponse : « N'est-il pas vrai que quand nous puisons de l'eau d'un puits, l'un des deux seaux ne peut descendre que l'autre ne monte. Ainsi en est-il des choses de Dieu et des choses du monde : nous ne pouvons aimer celles-ci sans que nous estimions moins celles-là. Donc si nous voulons aimer toujours les choses de Dieu, ayons toujours en abomination les choses du monde. Dieu est toujours le même : ce qui fléchissait autrefois sa colère, la fléchit encore aujourd'hui ; ce qui désarmait sa justice du temps de nos pères, la désarme encore de notre temps. Or ce qui autrefois le rendait propice, ce n'était

pas sans doute l'éclat des vêtements, la somptuosité de
la table, la richesse de l'ameublement, un grand nombre
de laquais, des chevaux de luxe splendidement harna-
chés ; mais c'étaient les jeûnes, les veilles, l'austérité
de la vie, les aumônes répandues dans le sein des pauvres,
les œuvres corporelles et spirituelles de miséricorde. Re-
tranchez tout cela ; avec le reste extirperez-vous les
hérésies, convertirez-vous les païens, ramènerez-vous les
schismatiques, procurerez-vous la gloire de Dieu et le
bien des âmes ? Pourquoi produisons-nous moins de fruit
que nos prédécesseurs, sinon parce que nous aimons trop
les vanités du monde ? Voyez saint Piat, saint Eleuthère,
saint Eloi : n'est-ce pas dans les jeûnes, dans les travaux,
dans les veilles qu'ils ont gouverné leur troupeau ? »

Une autre fois quelqu'un lui demandait ce que devait
faire un évêque pour tenir de son rang : « La réponse
à cette question, repartit le pieux prélat, se trouve dans
le quatrième canon du concile de Carthage, auquel assistait saint Augustin : « Que le mobilier d'un évêque soit
pauvre, et sa table frugale. C'est par la vivacité de sa
foi et la sainteté de sa vie qu'il doit relever sa dignité. »

Parce que la faiblesse humaine est sujette à oublier,
il avait fait attacher sur une des murailles de sa salle
à manger deux tablettes qui frappaient tous les regards.
Sur la première étaient gravées ces maximes en lettres
d'or :

Stipendium peccati mors.

Memorare novissima tua, et in æternum non peccabis [1].

---

[1] Le salaire du péché, c'est la mort. — Rappelez-vous vos fins dernières, et
vous ne pécherez jamais.

Sur la seconde on lisait :

Sobriè, justè et piè vivamus in hoc sæculo, expectantes beatam spem.
Sint episcopi supellex et mensa modesta,
Victus frugalis [1].

Dès sa plus tendre jeunesse, il avait pratiqué la plus exacte sobriété ; mais devenu évêque, il la pratiquait d'une manière plus rigide, et macérait sa chair par des jeûnes encore plus fréquents. Son linge de corps était rude et grossier ; pour cacher à ses gens son austérité, les extrémités des manches et le collet qui paraît au dehors étaient d'un linge plus fin. On sut même plus tard que, par l'entremise d'une personne discrète, il s'était procuré un cilice, afin de ne rien omettre de ce qui se pratique dans les ordres religieux les plus sévères. Il était patient, miséricordieux, indulgent pour les autres, généreux, plein de mansuétude et d'affabilité. Il avait une humilité admirable, ne se préférant à personne, mais se regardant au contraire comme inférieur à tous. Jamais, dans les soins du corps, il n'eut recours à une main étrangère pour les services qu'il pouvait se rendre lui même. Le matin il s'habillait seul ; le soir il se dépouillait de ses vêtements sans l'aide de personne : ce qu'il fit encore la veille même de sa mort. Il ne mettait à ses aumônes ni bornes ni mesure ; et lorsque ses amis lui adressaient à ce sujet quelques observations, il répondait qu'il aimerait mieux mourir que de vivre

---

[1] Vivons avec sobriété, justice et piété, dans l'attente des biens éternels qui nous sont promis. — Que la table et le mobilier de l'évêque soient simples, sa vie frugale.

sans secourir les pauvres et sans continuer ses pieuses
largesses. Si on lui représentait que beaucoup de pauvres
étaient indignes de tout intérêt, que plusieurs sollicitaient des secours sans être dans le besoin, il répondait
qu'il s'était fait une loi, depuis que sa dignité avait accru
ses ressources, de donner à tous ceux qui lui demande-
raient ; qu'autrefois, lorsqu'il était bien moins à son
aise, chargé d'une femme et d'une famille, il n'avait
jamais refusé aux pauvres, et que ce serait une honte
si, devenu évêque et économe des biens de l'Eglise, il
n'exerçait plus la charité dont il ne se dispensait pas
lorsqu'il était pauvre lui-même. « Dieu, ajoutait-il,
qui sonde les cœurs et pénètre nos plus secrètes pensées,
sait bien que j'aide les pauvres pour son amour. N'a-t-il
pas voulu que son Fils unique passât sa vie dans l'indigence ? et n'est-ce pas ce divin Sauveur qui dit à
tous, et plus particulièrement aux riches : « Si vous
avez deux tuniques, donnez-en une à celui qui n'en a
pas. » J'accomplis la loi de Dieu, j'observe son com-
mandement : jamais il ne permettra que je manque du
nécessaire pour vivre et faire face à mes engagements. »
En effet, on pouvait craindre après sa mort, vu les
grandes aumônes qu'il avait répandues pendant sa vie,
qu'après avoir vendu tout ce qu'il possédait, on ne trouvât
point de quoi satisfaire ses créanciers ; mais il n'en fut
pas ainsi. Ses dettes montaient à plusieurs milliers de
florins ; et pourtant les dettes payées, il resta encore
suffisamment pour remplir tous ses legs pieux.

CHAPITRE XVII

Jean Vendeville rassembla son synode diocésain un an après avoir pris possession de son siége, le mardi dans l'octave de l'Ascension de 1589. Les sages mesures arrêtées dans cette sainte assemblée pour assurer la conservation de la foi catholique, l'instruction solide des peuples, la régularité du clergé, la réforme des abus signalés par ses curés, furent reçus avec applaudissement ; car il n'avait pas cherché à faire valoir ses vues particulières. Malgré la conscience qu'il devait avoir de sa science et de ses lumières, il se défiait beaucoup de lui-même. Il n'ignorait pas que l'orgueil, qui rend l'homme moins souple au frein de l'obéissance, le rend impérieux, absolu, tyrannique, lorsqu'il commande. Il se rappelait souvent ces paroles, par lesquelles l'Apôtre prescrit aux supérieurs d'éviter tout ce qui sentirait la hauteur et la domination, et de tempérer l'autorité par une douceur toute paternelle : *Providentes non coacté, neque ut dominantes in cleris.* Dans son synode, il avait donc proposé, puis écouté, pesé mûrement et sans parti pris les observations de ses inférieurs. Ses statuts étaient l'œuvre de ceux qu'ils intéressaient autant que la sienne, et la fidélité avec laquelle on s'y conforma n'en fut que plus parfaite.

Peu de temps après la tenue de son synode, informé par le nonce que le Saint-Père le mandait à Rome pour prendre connaissance de l'état de son diocèse, conformément aux ordonnances du concile de Trente, il s'empressa de faire ses dispositions pour ce long voyage. Le duc de Parme, alors gouverneur de la Belgique, ne voulut pas le laisser partir sans lui donner des lettres de recommandation pour le souverain Pontife. Elles étaient conçues en ces termes : « La vie exemplaire de Monseigneur de Tournai, et la sagesse avec laquelle il gouverne son diocèse, le recommandent suffisamment à Votre Sainteté. Cependant nous n'avons pas voulu qu'il se rendît auprès d'elle sans lui remettre le glorieux témoignage qu'en toute sincérité nous devons à ses éminentes vertus. Je la supplie humblement de lui montrer toute la bienveillance avec laquelle elle nous accueillerait nous-même, si nous avions le bonheur de nous présenter devant elle. » Le duc lui remit aussi, pour plusieurs cardinaux et quelques autres personnages considérables, des lettres très-flatteuses.

Sixte V reçut le saint prélat avec une grande bonté, et l'adressa aux cardinaux de la congrégation du saint concile de Trente, auxquels il devait exposer l'état de son diocèse. Après l'avoir entendu, ils rendirent compte au Pape de leurs informations, et déclarèrent qu'ils étaient parfaitement satisfaits de la manière dont il gouvernait son troupeau, que bien loin d'avoir à éclairer ou à stimuler son zèle, ils n'avaient à lui donner sur tout point que des éloges.

Jean Vendeville avait résolu de ne pas quitter Rome sans entretenir le Pape du projet qu'il lui avait précédemment soumis, touchant la nécessité et les moyens de multiplier les bons ouvriers dans le champ du Père de famille; il lui présenta lui-même un nouveau mémoire sur cette affaire. Sixte V renvoya l'écrit aux cardinaux chargés de ce qui concernait les réguliers. Tous applaudirent à la sagesse des vues exposées par l'évêque de Tournai, et n'exprimèrent qu'un désir : ce fut que le souverain Pontife appliquât à tous les ordres religieux les mesures proposées seulement pour les deux ordres mendiants de Saint-François et de Saint-Dominique. Mais rien n'aboutit alors, parce que les soins du souverain Pontife étaient absorbés par les affaires de France.

Parmi les cardinaux chargés d'examiner le mémoire de Jean Vendeville, se trouvait le cardinal de Santi-Quatro, Jean-Antoine Facchinetti, élevé plus tard sur le Saint-Siége sous le nom d'Innocent IX. Il admira le zèle que respirait cet écrit, et en conçut pour l'évêque de Tournai une profonde vénération. Lorsque Jean Vendeville vint lui faire son salut d'adieu, on remarqua que le cardinal baisa respectueusement la tête chauve de l'évêque, et comme on lui demandait pourquoi il avait agi de la sorte : « Ah ! répondit-il, vous ne savez donc pas que cette tête est le chef d'un saint. »

D'autres cardinaux et plusieurs personnages fort considérés à Rome lui témoignèrent aussi une singulière affection. Mais il se lia plus particulièrement avec le célèbre Baronius, qu'il avait choisi, pendant son séjour dans la ville éternelle, pour le directeur de sa conscience. Le père général de la compagnie de Jésus écrivait au provincial de Belgique : « Votre évêque est aimé et estimé à Rome plus que je ne saurais dire, à cause de la sainteté de sa vie, et de ses profondes connaissances dans les choses ecclésiastiques. » Plus tard Baronius lui écrivait : « Je tire souvent de mon portefeuille les lettres que j'ai reçues de Votre Grandeur, et je les relis toujours avec un nouveau plaisir. Elles m'animent à marcher sur vos traces : il me semble alors que je converse avec un de ces pieux et saints évêques des premiers âges de l'Eglise. Je regrette vivement, ajoutait-il, que tant d'autres se montrent si froids et si peu empressés à seconder votre zèle pour le bien de la religion. C'est là le malheur de notre temps ; je l'ai souvent déploré et je le déplore encore avec vous. Fasse le Ciel que la flamme du divin amour dont brûle votre cœur pour le salut des âmes se propage et s'étende ! Puisse-t-elle fondre la glace qui tient engourdis les hommes de notre époque ! Que votre charité ne cesse d'insister et qu'elle crie à Dieu, puisque les hommes ne veulent pas l'entendre : qu'elle se tienne devant le Seigneur avec l'encensoir rempli, non d'un feu profane, mais divin, afin de détourner la fureur de Dieu qui menace d'éclater contre nous. Regardez-moi toujours, je vous prie, comme votre ami respectueux et dévoué, et ne me refusez pas, comme tel, une part dans vos prières. Les cardinaux Paléotus, Cusanus et Frédéric Borrhomée, avec qui je m'entretiens souvent de vous, vous aiment beaucoup et vous vénèrent. »

Le séjour de Jean Vendeville à Rome ne fut pas tout à fait inutile pour l'œuvre qu'il avait tant à cœur, puisqu'il y avait intéressé tant de personnages illustres et le souverain Pontife lui-même. Lille et Tournai en retirèrent aussi de grands avantages.

CHAPITRE XVIII

Jean Vendeville obtient du P. Claude Aquaviva, pour la ville de Lille, une
résidence de Jésuites, et du Pape la réforme des Augustins de Tournai.

Dans la visite pastorale que Jean Vendeville avait faite
à Lille l'année précédente (1588), il avait rencontré de
grands sujets de douleur. Les mœurs du peuple se res-
sentaient du malheur des temps ; l'éducation chrétienne
des enfants était fort négligée, et on ne comptait que fort
peu d'ecclésiastiques capables d'exercer avec fruit le saint
ministère. Jean Vendeville, pour remédier à tant de
maux, résolut de fixer dans cette importante cité des
religieux de la compagnie de Jésus. Il avait fréquemment entretenu de ce projet les messieurs du magistrat,
et les avait suppliés avec instance d'appliquer quelques
fonds à cette œuvre, jugée indispensable pour le bien
spirituel de cette grande ville. Mais les guerres avaient
entraîné d'énormes dépenses, et le trésor public se
trouvait épuisé ; l'évêque de Tournai n'avait rien obtenu.
Il avait alors conseillé à Clément Bave, curé de Sainte-
Catherine, de demander au P. Olivier Manare, provincial
de Belgique, au moins deux jésuites, qui s'occuperaient

pendant quelque temps à entendre les confessions et à
faire le catéchisme aux enfants. Le P. Olivier Manare
avait accueilli cette demande; le curé logea dans sa
propre maison les deux religieux, et leur zèle ne tarda
point à concilier à la compagnie l'estime et l'affection
générales. Bientôt on désira accroître leur nombre; un
négociant et son épouse s'engagèrent même à fournir le
nécessaire à cinq ou six autres pères pour tout le temps
qu'ils resteraient à Lille. Cependant, malgré ces heureuses dispositions des esprits, les hôtes du curé de
Sainte-Catherine, rappelés par leur supérieur, avaient
été appliqués à d'autres œuvres.

Pendant son séjour à Rome, Jean Vendeville avait eu
de fréquents entretiens avec le général de la compagnie,
Claude Aquaviva; il lui avait fait comprendre de quelle importance il serait pour le bien des âmes qu'il y eût à Lille
plusieurs pères à demeure fixe, et il avait obtenu son
agrément pour la fondation d'une résidence. De retour dans
son diocèse, il se rendit à Lille, et fit part aux magistrats
de l'heureuse issue de ses démarches. « Vous comprenez,
ajouta-t-il, tout le prix de cette faveur, et quels avantages
votre ville retirera de la présence des Pères jésuites. Cependant, je dois vous le dire, je ne serai pleinement satisfait
que lorsque les Pères pourront ouvrir un collége à Lille
pour y instruire votre jeunesse. Mais il faut pour cela que
vous vous exécutiez, et que des fonds soient assurés à
l'établissement. » Le magistrat répondit qu'il verrait avec
plaisir les Jésuites s'établir à Lille; que pour le moment,
vu l'état déplorable du trésor, la ville ne pouvait s'engager
à rien; mais qu'aussitôt les dettes payées on travaillerait

activement à la fondation du collége. Jean Vendeville, au comble de la joie, en écrivit au père provincial, qui envoya trois prêtres et deux frères coadjuteurs, sous la direction du P. Guillaume Hangouard, natif de Lille, et neveu de Valerand Hangouard, jadis prévôt de la collégiale de Saint-Pierre. Ils logèrent dans la maison que le P. Guillaume possédait dans la ville et qu'il donna à la compagnie avec ses biens situés en divers lieux.

Trois ans après, les magistrats, à la requête des curés, érigeaient cette résidence en collége, avec constitution d'une rente annuelle de mille florins sur le trésor échevinal. Plus tard, Balthazar Bouters fournit les fonds nécessaires pour augmenter le nombre des Pères. Enfin en 1605, le sénat assigna de nouvelles rentes, et jeta les fondements d'un magnifique collége : il fut achevé en 1610, et « disposé, dit Buzelin, à recevoir les religieux dans ses cloîtres, les fidèles dans son église, et la jeunesse dans ses classes. »

Il se trouvait à Tournai un couvent des Ermites de Saint-Augustin, qui jusque-là avait été dépendant de la province de France, et par suite soumis seulement à la visite du provincial de ce royaume. Comme il n'existait en Belgique aucun autre monastère de cet ordre qui fût placé sous sa juridiction, il arrivait que les Ermites de Saint-Augustin de Tournai n'avait point de visiteur. Aussi étaient-ils tombés dans le plus déplorable relâchement. Ils menaient, ainsi que leur prieur, une vie toute mondaine, opposée non-seulement à la sainteté de la profession qu'ils avaient embrassée, mais encore à l'esprit du christianisme. On ne voyait dans cette communauté que fêtes et repas somptueux, et elle n'était fréquentée que par des hommes de table et de plaisir.

Les évêques de Tournai avaient souvent essayé de remédier à ces abus criants; mais toutes les tentatives de leur zèle avaient échoué. Jean Vendeville crut qu'il fallait apporter au mal un remède énergique, séparer du corps ce membre gangrené, et remplacer ces religieux indignes par d'autres moines qui comprendraient mieux les devoirs de leur vocation et vivraient du véritable esprit de leur saint état. Il supplia le souverain Pontife de détacher ce couvent de la province de France, et de le soumettre à la juridiction du provincial des Pays-Bas. Le Pape y prêta les mains, et l'affaire fut conclue.

Grâce à la vigilance de notre pieux prélat, ce monastère fut conservé aux religieux du même ordre, qui, appelés d'ailleurs, y menèrent une sainte vie, édifièrent la ville de Tournai par l'exemple de leurs vertus, et s'y rendirent fort utiles par leur zèle vraiment apostolique.

CHAPITRE XIX

Jean Vendeville était arrivé à Tournai au moment même où les comices allaient s'assembler pour procéder au renouvellement du magistrat. Ses soins se tournèrent de ce côté, et il usa de toute son influence pour fixer les choix sur des hommes religieux et décidés à prendre à cœur les intérêts de la religion catholique et des bonnes mœurs. Son expérience lui avait appris combien il importe à une cité d'avoir à sa tête des magistrats intègres et animés de l'amour du bien. Une ville gouvernée par de tels hommes se ressent bientôt des bienfaits d'une administration toute chrétienne ; la foi et la pratique des vertus qu'elle commande s'y conservent plus sûrement, et il est rare que l'impiété parvienne à y prévaloir.

Il s'occupa ensuite de ses doyens et de ses curés ; il les réunit auprès de lui, et les engagea à mener toujours une vie sacerdotale et à remplir avec zèle tous les devoirs de leur saint ministère. Il commença de nouveau la visite de son diocèse, prêcha dans différentes paroisses et administra le sacrement de confirmation. Il inspecta aussi les monastères qui lui étaient soumis, y introduisit quelques réformes, et les pourvut de confesseurs ordinaires et extra-ordinaires, capables de les entretenir dans l'esprit de ferveur et de régularité.

Il reconnaissait avec ses confrères dans l'épiscopat, que la source du mal se trouvait dans la disette de prêtres zélés et instruits. Toutes les fois qu'il lui arrivait de réfléchir sur cette calamité (et nous avons vu qu'il y réfléchissait souvent), il éprouvait toute la douleur d'une mère qui vient de perdre son fils unique. Aussi, dès qu'il eut appris la mort du pape Sixte V et l'exaltation de Grégoire XIV, qu'il avait particulièrement connu à Rome, il ne se contenta point de lui écrire pour lui offrir ses félicitations ; mais il profita encore de cette occasion pour revenir sur le plan qu'il avait soumis à Sixte V, et lui parler des remèdes que l'on pouvait apporter à un mal .dont les suites lui paraissaient incalculables.

Le souverain Pontife lui répondit de sa propre main, lui parlant à cœur ouvert et avec un abandon qu'un Pape témoigne rarement même aux personnes qu'il honore le plus. Voici la lettre textuelle du Pontife [1].

« Nous vous remercions des deux lettres que vous nous avez adressées. Nous approuvons sans restriction tout ce

---

[1] Gratæ mihi fuerunt geminæ litteræ et scripta quæ misisti. Prudentiam tuam cum zelo Dei conjunctam vidimus, omnia boni consuluimus, et quantum Deus permiserit, iis oportunè uti conabimur. Te in pastorali officio vigilantem in Domino diligimus, cupimusque tuis et illorum, qui fidei tuæ commissi sunt orationibus assiduè adjuvari, ut à Patre misericordiarum vires tanto oneri ferendo necessarias impetremus.

que vous nous conseillez de faire, et nous ne savons ce
que nous devons admirer le plus dans les plans que vous
nous proposez, votre prudence ou votre zèle pour les
intérêts de Dieu. Nous avons pris en considération tout
ce que vous nous dites, et nous espérons, avec l'aide du
Seigneur, en venir à l'exécution. Nous vous aimons, et
nous applaudissons à la vigilance avec laquelle vous rem-
plissez votre charge pastorale : nous sollicitons le secours
de vos prières, et des prières de ceux qui vous sont
confiés, afin qu'il plaise au Père des miséricordes de nous
donner la force dont nous avons besoin pour porter le
lourd fardeau qui pèse sur nos épaules. »

Dans une lettre postérieure le Saint-Père s'exprimait
en ces termes [1] :

« Le cardinal Alan et le docteur Vossius nous ont
remis vos lettres, et avec elle tous les écrits et toutes
les observations que vous nous soumettez touchant l'œuvre
si importante à laquelle, depuis longues années, vous

---

[1] Venerabilis Frater, salutem et apostolicam benedictionem.

Reddidere nobis litteras tuas dilecti filii cardinalis Alanus et doctor Vossius,
unà cum scriptis et commentariis tuis de insignibus operariis comparandis, et
mittendis in messem Domini, magnâ cum spe lucri spiritalis ; ex quibus certè
cogitationibus et desideriis, præsertim tam diuturno tempore animo tuo infixis,
pietas tua declaratur, quam valde in Domino commendamus. Quæ vero a te
proponuntur et pro nostrâ pastorali sollicitudine lubenter cognovimus, et quantum
ea generatim atque universim contemplari licuit, etiam probamus ; sed quæ
sit hujus calamitosi sæculi conditio, et quam multis implicata impedimentis,
vides. Tum res ipsæ graves et novæ natura sua magnam molitionem magnasque
adferunt difficultates. Verum tamen scimus in eo confidendum esse, qui potens
est et cujus gloriam quærimus. Quare, ut tota res concoquatur, dilectis cardi-
nalibus multo zelo et prudentia præditis mandavimus, ut omnia considerent et
ad nos referant, qui certe benignas huic negotio aures præbehimus. Tu intereà
gregem illum (quod facis) pasce in omni sanctitate et doctrinâ ; et Deum ora,
ut, ejus gratiâ adjutrice, quæ illi placita sunt, semper efficiamus.

vous intéressez si vivement, et nous applaudissons à votre piété fervente et sincère. Nous avons pris connaissance de tout, et nous approuvons pleinement ce que vous nous proposez, autant que nous avons pu en juger par la lecture rapide que nous avons faite de votre manuscrit. Mais vous connaissez comme nous les malheurs du temps présent et les difficultés sans cesse renaissantes que nous trouvons sur notre chemin. D'un autre côté, l'affaire en question est fort grave : c'est une innovation qu'on ne peut pas précipiter et qui rencontre de sérieux obstacles. Cependant nous n'ignorons pas qu'il faut nous confier en Celui qui est tout-puissant et dont nous cherchons la gloire. Nous avons remis vos papiers entre les mains de quelques cardinaux dont nous apprécions le zèle et les lumières, afin qu'ils en prennent connaissance et qu'ils nous rendent compte de ce qu'ils en penseront. Certainement nous nous montrerons très-favorable à la conclusion de cette affaire. Quant à vous, continuez de conduire saintement, avec dévouement et prudence, le troupeau qui vous est confié, et priez Dieu pour nous, afin qu'aidé de sa grâce, nous fassions toujours ce qui lui est agréable. »

A cette lettre du Pontife était jointe celle de son neveu le cardinal Sfondrat : il écrivait à Jean Vendeville que sa piété était bien connue du souverain Pontife, ainsi que ses nombreux travaux en faveur de la religion catholique; que plusieurs des hommes recommandables qu'il avait entretenus de ses pieux désirs pendant son séjour à Rome rendaient le plus éclatant témoignage à sa vertu, et qu'il le priait aussi de compter entièrement sur son affection et sa bienveillance.

Grégoire XIV prouva bientôt l'intérêt qu'il portait à cette affaire, en instituant une congrégation spéciale pour étudier à fond la question : on lui donna le nom de Congrégation de l'évêque de Tournai. Elle était composée de quatre cardinaux, Paléotus, Asculanus, Guillaume Alan et Frédéric Borrhomée. On leur avait adjoint deux docteurs, Sylvius Antonianus et Gérard Vossius.

Souvent on s'était rassemblé, et l'on ne décidait rien. L'évêque de Tournai, surmontant la crainte de se rendre importun, écrivit de rechef au Saint-Père, le suppliant de presser l'affaire, et se montrant disposé, pour en hâter l'exécution, à résigner son évêché et à entrer dans quelque séminaire. Il joignit même à sa lettre un acte par lequel il se mettait à l'entière disposition du souverain Pontife et résignait de fait son évêché entre ses mains; mais Grégoire XIV n'accepta point cette résignation, malgré les sollicitations réitérées de Jean Vendeville.

Tel était le zèle de ce saint prélat pour le bien public et l'exaltation de la religion catholique, que pour cette cause il était disposé à sacrifier ses biens, sa dignité et même sa liberté.

CHAPITRE XX

Héritiers de la tendre dévotion envers la Mère de Dieu que professait saint Bernard, leur fondateur, les religieux du monastère de Loos, pour accroître encore le culte de la Reine des anges, déjà si répandu dans notre beau et catholique pays, avaient placé une statue en bois de cette Vierge bénie, sous un magnifique tilleul qui, planté non loin de la route de Béthune, s'élevait dans les airs comme un dôme verdoyant. Les religieux dirigeaient souvent leur promenade vers ce tilleul, et s'arrêtaient devant la sainte image pour y chanter les louanges de Marie. Les fidèles imitèrent cet exemple, et bientôt les grâces signalées obtenues dans ce lieu y attirèrent une foule de plus en plus nombreuse. Le vieux tilleul qui abritait l'image vénérée fut abattu, et on résolut de le remplacer par une chapelle d'une construction régulière et plus appropriée à la commodité des pèlerins. Mme de Varennes, sœur de M. du Brœucq, de la maison de Haynin, qui avait été guérie miraculeusement d'une paralysie complète, fournit les matériaux ; Matthieu et Jean Meurisse donnèrent le champ où le tilleul était planté ; Dom Carpentier, abbé du monastère de Loos, et Jean Vendeville voulurent aussi contribuer par leurs largesses à cette bonne œuvre ; et la chapelle fut achevée en 1591 : Jean Vendeville la bénit la même année.

L'ouverture de ce sanctuaire attira un grand concours de peuple ; l'élan fut général et s'étendit au loin. Les fidèles, par leur empressement, protestaient contre les nouvelles doctrines qui traitaient d'idolâtrie le culte des saintes images. De son côté, la Mère de Dieu répandit ses faveurs avec une si grande abondance, que le peuple lui donna, dans le sanctuaire de Loos, le titre de Notre-Dame de Grâces.

Cependant l'erreur frémissait, et l'impiété inspira à quelques misérables l'idée de venir pendant la nuit, enlever l'image vénérée. Ils laissèrent même dans la chapelle un écrit où ils se vantaient de ce larcin sacrilége et développaient longuement les motifs anticatholiques qui les avaient déterminés à l'exécuter. Les faibles se scandalisèrent, la piété se ralentit ; mais le triomphe de l'hérésie fut de courte durée.

Il se trouvait dans le chœur du monastère, au-dessus de la stalle du prieur, une statue exactement semblable à celle qui avait été dérobée. Dom Carpentier la fit porter solennellement dans la chapelle, et Jean Vendeville revint à Loos pour la bénir. Le saint prélat, dans un discours touchant et pathétique, s'étendit sur la puissance et la bonté de Marie, sur le respect dû à ses images, sur la nature des hommages qui leur sont rendus, et il invita les fidèles à continuer de venir dans ce lieu honorer la Vierge d'un culte qui lui était agréable, puisqu'elle l'autorisait par des miracles. Il assura que la perte de la première image ne tarirait pas la source des grâces, parce que la sainte Vierge avait choisi cet endroit pour y être particulièrement vénérée.

Marie ne tarda pas à réaliser les promesses faites par le premier pasteur, et bientôt, au témoignage de Buzelin, il n'y eut pas dans la contrée de pèlerinage plus célèbre et plus fréquenté que celui de Loos.

CHAPITRE XXI

Grégoire XIV vint à mourir ; on lui donna pour successeur le cardinal Facchinetti, qui prit le nom d'Innocent IX. Deux jours avant son exaltation, il avait rencontré Vossius, et lui avait demandé à quel point en était l'affaire dont ce docteur poursuivait l'exécution au nom de l'évêque de Tournai. Peu de temps après son élection, il chargea le cardinal Paléotus d'achever l'examen du mémoire de Jean Vendeville, et y joignit l'écrit qu'il avait composé lui-même sur la réforme des réguliers, se réservant de donner son avis en temps et lieu.

Dès que l'évêque de Tournai fut informé de l'élévation du cardinal Facchinetti au suprême pontificat, il se réjouit que Dieu eût appelé sur le trône de saint Pierre un homme qui partageait ses vues : toutes ses espérances se réveillèrent, et il manifesta l'intention de retourner à Rome, malgré son grand âge et la rigoureuse saison où l'on se trouvait. En vain lui représentait-on les dangers qu'il allait courir, la désolation que son départ causerait à ses diocésains, les inconvénients d'une longue absence loin de son troupeau. « Je partirai malgré tout cela, dit-il ; Grégoire XIV m'en a donné la permission ; l'affaire qui sollicite mon départ me paraît beaucoup plus importante que la bonne administration de plusieurs diocèses, et le succès que j'espère apportera bien plus d'avantages à mon troupeau que ne lui en procurerait ma présence de quelques mois. »

On le pria, si sa résolution était tout à fait arrêtée, de différer au moins dans l'intérêt de sa santé, et d'attendre jusqu'au printemps prochain. « Mais, répondit-il, qui nous assurera qu'au printemps prochain ma santé ou celle du souverain Pontife ne viendra pas mettre obstacle à mon départ? pouvons-nous seulement compter sur le jour de demain? Lorsque saint Amand et saint Eleuthère se rendirent à Rome pour la troisième fois, je ne crois pas que leur voyage eût un motif plus pressant que le mien. Saint Malachie n'est-il pas retourné à Rome, quoique des personnes fort prudentes l'en dissuadassent? et dans quel but faisait-il ce nouveau voyage? Uniquement pour demander au Pape le pallium. » Il lui était très-ordinaire de rappeler ainsi les actions des saints pour conformer sa conduite à la leur. Il disait souvent : « Si saint Amand et saint Eleuthère vivaient, ils prendraient telle mesure, ils remédieraient à tel ou tel abus. »

On était au mois de novembre 1591 ; quelque temps auparavant il avait publié son *Manuel des pasteurs*, composé de ce qu'il avait trouvé de plus convenable dans

différents rituels, et spécialement dans ceux de Rythovius,
évêque d'Ypres, et de Cornélius Jansénius, évêque de
Gand [1]. Avant son départ, il donna ses avis à son vicaire
général et à son official, sur la sagesse desquels il pouvait
se reposer, et prit toutes les mesures nécessaires pour
que son troupeau ne souffrît pas de son absence. Il
recommanda aux doyens de chrétienté d'avoir les yeux
ouverts sur les paroisses et les pasteurs placés sous leur
surveillance; il n'omit rien de ce qui concernait l'intérêt
de son diocèse; mais il s'oublia lui-même, et sans souci
pour les fatigues et les dangers d'un si long voyage,
il se mit en route.

Après avoir franchi de hautes montagnes et bravé les
frimas et les neiges, il arriva à Bologne : ce fut là qu'il
apprit la mort du saint pape Innocent IX. Ceux qui l'ac-
compagnaient craignirent que cette nouvelle n'accablât le
pieux prélat, frustré dans ses espérances après s'être exposé
à tant de fatigues et avoir bravé tant de périls. Sans doute
ce coup, qui plongeait dans le deuil l'Eglise tout entière
à cause de la capacité et des vertus éminentes du pontife
que l'on venait de perdre, dut être surtout douloureux
pour Jean Vendeville; mais il n'ébranla pas sa constance
et ne troubla point sa paix. Il le reçut comme venant de
la main de Dieu. « Le Seigneur, disait-il, j'en ai la ferme
confiance, donnera pour le remplacer un homme de sa
droite, et il manifestera une fois de plus la providence
paternelle qu'il étend sur son Eglise. »

---

[1] Ce manuel fut en vigueur dans le diocèse de Tournai jusqu'en 1625. Cette
année même, Mgr Maximilien Villain de Gand le refondit presque entièrement
en le mettant plus en rapport avec le rituel romain, et en y introduisant cer-

Arrivé à Rome, il s'empressa d'aller offrir ses félicitations au successeur d'Innocent, Clément VIII, et lui recommanda l'affaire pour laquelle il avait entrepris son voyage. Clément VIII ordonna immédiatement aux cardinaux qui en avaient été chargés, de terminer leur examen, de conclure et de l'informer de leur décision. Après une mûre délibération, ils approuvèrent le projet, et en limitèrent pourtant l'exécution au seul ordre de Saint-François de la stricte observance. Le Pape fit appeler immédiatement le cardinal protecteur des Franciscains, qui, d'après la règle, exerce sur cette famille religieuse une grande autorité; il lui enjoignit de se mettre à l'œuvre, et de régler toutes choses, autant qu'il le pourrait, à la satisfaction de l'évêque de Tournai. C'était le cardinal Mathieu, homme singulièrement vénérable; il approuvait le plan proposé par Jean Vendeville, et il le communiqua immédiatement au procureur-général de l'ordre.

Clément VIII remit aussi à notre évêque, au moment de son départ, une lettre pour le duc de Parme, dans laquelle il exprimait sa profonde estime pour la piété, la sagesse et le zèle du prélat. Lorsque celui-ci prit congé de Sa Sainteté, il en fut salué par ces paroles : « Allez, et que le Dieu tout-puissant dirige toutes choses selon vos désirs qui sont aussi les miens. » Beaucoup de cardinaux désiraient que Jean Vendeville, avant son départ, fût revêtu de la pourpre, et ils en auraient parlé au Pape sans la vive opposition de Jean Vendeville lui-même. « Non, non, disait-il, car à moins d'être un saint, il est difficile de porter le poids d'une pareille dignité et de conserver un cœur véritablement humble au milieu des honneurs. »

On ne connaissait pas dans le public le vrai motif de ce voyage de Rome; mais on ne l'ignora plus après la mort du pieux prélat. Le testament qu'il avait dressé avant de partir, et qui depuis a été communiqué au chapitre de Tournai, commençait par ces mots : « Je pars pour Rome afin de presser le souverain Pontife et les cardinaux d'établir des séminaires, où l'on formera de bons ouvriers capables, par leur science et la sainteté de leur vie, d'étendre le royaume de Dieu et de procurer le salut du prochain : si je réussis, ce sera la réalisation du rêve de toute ma vie. »

CHAPITRE XXII

Lorsqu'on sut que Jean Vendeville approchait de Tournai, les chanoines, messieurs du magistrat, tous les hommes les plus recommandables de la cité allèrent à sa rencontre. Le peuple encombrait les rues, et de tous côtés on lui donnait les témoignages les plus touchants de la joie qu'excitait son heureux retour. Mais les Capucins surtout étaient dans l'impatience de le revoir; ils espéraient qu'à son arrivée ils obtiendraient un emplacement à Tournai pour y établir un monastère. Car ils n'ignoraient pas l'affection qu'il leur portait, et avec quelle inébranlable constance il poursuivait une affaire dont il désirait l'heureuse issue. Ils ne furent pas trompés dans leur attente : il leur donna sur la paroisse Saint-Brice un jardin et une maison situés au *Biéquereau*, que Mgr Guilbert Dognies avait légués à ses successeurs. Leur église fut consacrée le 10 juillet 1594, par Mgr Louis de Berlaimont, archevêque de Cambrai,

chargé, à la mort de Jean Vendeville, de l'administration du diocèse de Tournai. Ce fut peu de temps après
cette donation que, pour honorer saint Eleuthère, notre
saint prélat fit élever sur l'endroit de sa sépulture, au
village de Blandin, paroisse située à une lieue de la
ville épiscopale, un petit monument recouvert d'une
pierre polie, sur laquelle on plaça une belle statue
représentant ce saint évêque dormant du sommeil des
justes. Autour du soubassement on lit cette inscription
latine :

Eleutharius Tornacy natus
Episcopus fit anno 484. Tornacy ab impiis vulneratus, et moriens hic
Anno 579 sepelitur, elevatur
Autem anno 881, et anno 1064
Tornacy transfertur, ubi deinceps veneratur. † D. Jo. Vendeville
Eps. reparat anno 1595 [1].

Le pape Grégoire XIII avait accordé, en 1583, une
indulgence plénière à ceux qui, ayant jeûné la veille,
assisteraient à la procession solennelle de chaque mois,
ordonnée pour la pacification des troubles. Cette procession générale, qui se faisait avec beaucoup de pompe et
un grand concours de peuple, mais non dans chaque
paroisse, n'avait pas tardé à donner lieu à de graves
inconvénients. C'était une véritable fête, à laquelle on se
rendait de loin, et pour y assister, on manquait sans

[1] Eleuthère, né à Tournai, devient évêque en 484. Frappé à Tournai par
les impies, il meurt. C'est en ce lieu qu'il est inhumé. Son corps a été élevé
en 881, et en 1064 il est transporté à Tournai, où depuis lors il est vénéré.
Mgr Jean Vendeville répare le lieu de sa sépulture en 1595.

Cette date (1595) est fautive, à moins qu'elle ne désigne l'année où ce
monument a été terminé. Il se trouvait autrefois dans la chapelle dédiée à
saint Pierre : en ces derniers temps il a été transporté sous le maître-autel.

scrupule à la messe. Jean Vendeville avait profité de son voyage à Rome pour remédier à cet abus, et Clément VIII, sur sa demande, accorda, par une bulle du 15 juin 1592, que la procession se fît dans chaque paroisse du diocèse le premier dimanche de chaque mois, de sorte que pour y assister les fidèles ne devaient plus quitter leur église [1].

A son retour de la ville éternelle, notre pieux prélat s'était proposé d'assister toujours aux réunions des curés que les doyens avaient coutume de convoquer tous les ans. C'était, lui paraissait-il, une occasion favorable de stimuler leur zèle et de leur donner de salutaires avis. Il ne put se rendre qu'aux deux premières, celle de Tournai et celle de Helchin. Dans cette circonstance, il parla à ses prêtres de l'excellence de leur ministère, du zèle dont ils devaient être animés pour le salut des âmes, et de l'obligation qu'ils avaient de vivre avec justice, avec piété, avec tempérance. Il leur donna en outre quelques avis sur les moyens de persévérer dans la pratique des vertus ecclésiastiques.

Au commencement d'octobre, il se trouvait à Courtrai, en visite pastorale, lorsqu'au milieu de ses travaux il fut saisi de la fièvre. Il essaya, malgré son indisposition, d'aller jusqu'à Menin et Vervick, et y donna la confirmation ; mais la fièvre devint plus forte, et le 13, dans la soirée, il rentra à Tournai.

Le lendemain de grand matin, il appela près de lui son official, Nicolas Zoes, et le pria de faire venir le P. Eleuthère du Pont, recteur du noviciat des Jésuites,

---

[1] M. l'abbé Voisin, p. 18 et 19.

qui était son confesseur, pour qu'il entendît sa confession générale, à laquelle il s'était préparé pendant la nuit, qu'il avait passée sans sommeil. Sa confession terminée, il dit : « J'ignore quelles seront les suites de cette maladie, mais que la volonté de Dieu soit faite. Grâce à sa bonté, je n'ai rien, sur la terre, qui puisse m'inspirer le désir de retarder d'une seule minute mon départ pour la céleste patrie. »

Le lendemain de très-bonne heure il appela maître Facon, et lui demanda quelques paroles de consolation. Celui-ci, entre autres propos édifiants, cita ce mot de saint Ambroise : « Je ne crains pas de mourir, parce que j'ai pour maître un Dieu bon. — C'est-à-dire miséricordieux, » reprit Jean Vendeville.

Le médecin l'engageait à s'abstenir de la récitation du bréviaire ; ceux qui l'entouraient lui donnaient le même conseil. « Je le ferai, répondit-il, car j'ai affaire à un bon Père. » Cependant il voulut qu'on récitât près de lui les petites heures, et il ne pouvait s'empêcher d'en dire quelques versets ou au moins le *Gloria* qui termine chaque psaume. Il demanda à ajouter quelques codicilles à son testament ; il y exprima à ses petits-fils le désir qu'il avait, lorsqu'ils seraient en âge de choisir un état de vie, qu'ils entrassent chez les Capucins ou chez les Jésuites, parmi lesquels, disait-il, il en est bien peu qui ne fassent leur salut. Il légua aux Jésuites de Courtrai plusieurs ossements considérables des compagnes de sainte Ursule, des saints martyrs de la légion thébéenne, des saints Marius, Marthe, Domitille, Papias et Maure.

Il laissait une fille unique, mariée à Léonard Bocxhorn,

sénateur de Louvain, seigneur de Lovenjoul, Hérent et autres lieux ; elle avait quatre enfants [1]. Craignant de suivre son propre jugement, qui aurait pu, disait-il, le tromper si facilement en ce qui concernait sa famille, il demanda à des hommes qui méritaient toute sa confiance, ce qu'il convenait de laisser à ses proches, à ses serviteurs et à ses amis ; car il savait que ce qu'il possédait n'était pas à lui, mais aux pauvres dont Dieu l'avait établi économe.

Le jour de sa mort, il reçut la visite du provincial des Augustins et du père gardien des Capucins. Comme en le quittant ils lui disaient qu'il devait avoir confiance parce qu'il avait été un fidèle serviteur, il leur répondit : « Oh! si l'on pesait mes péchés, on verrait bien qu'ils l'emportent sur mes mérites. Rien cependant ne m'effraie plus que la charge dont je suis revêtu : l'épiscopat serait un lourd fardeau même pour les anges. Mais ce qui me rassure, c'est que je ne l'ai pas ambitionné, et que plusieurs fois j'ai voulu m'en démettre entre les mains du souverain Pontife. »

Ceux qui l'entouraient n'avaient pas perdu l'espérance de le conserver encore. Le 15 octobre vers six heures du soir, il leur disait que par la grâce de Dieu il se trouvait mieux, que la fièvre n'avait pas reparu, qu'il avait bien reposé. Mais voilà que sans donner aucun signe de souffrance, sans aucune convulsion, il incline la tête et demeure sans mouvement : il avait rendu son âme à Dieu.

---

[1] L'un d'eux, Maximilien Bocxhorn, était sénateur de Louvain en 1613 (*Petrus Divæus Rerum Lovaniensium*, lib. II, p. 63.) Nous ignorons ce que les autres devinrent plus tard.

Il fut enterré le lendemain 16 octobre, dans le chœur de la cathédrale de Tournai, non loin du trône épiscopal. Sur une lame de cuivre fut gravée cette épitaphe :

Dominus Joannes Venduillius, episcopus Tornacensis, J. V. D. et concitarius concilii privati regis Hispaniarum in Belgio, post multos labores Ecclesiæ et Reip. causâ, hic quiescit. Obiit anno 1592, 15 die mensis octobris [1].

Deux ans après sa mort, des réparations faites à la cathédrale de Tournai nécessitèrent l'ouverture de son tombeau ; et bien que son corps n'eût pas été embaumé, il fut trouvé sans la moindre tache de corruption. Cette particularité augmenta encore la vénération que l'on portait à sa mémoire et la haute idée qu'on avait de sa sainteté.

Nous terminerons par quelques mots sur les écrits de Jean Vendeville.

Ses mémoires à Viglius, ou à Requesens, ou à Philippe II, ou aux souverains Pontifes, n'ont jamais été destinés à l'impression, et jamais ils n'ont été imprimés. Après les avoir soumis à des amis éclairés dont il écoutait les conseils, il les a simplement adressés aux personnages qui pouvaient réaliser les vues qu'il proposait dans l'intérêt du bien public et de la religion. Ses savants écrits sur le droit, composés uniquement pour ses élèves, n'ont jamais été mis au jour, au moins

[1] Révérend Jean Vendeville, évêque de Tournai, docteur dans les deux facultés, et conseiller du conseil privé du roi d'Espagne en Belgique, après de nombreux travaux entrepris pour l'Eglise et l'Etat, trépassa en 1592, le 15 du mois d'octobre.

de son vivant. Longtemps après sa mort, Valère André a publié le *Commentaire sur les principes du droit canon*, et un autre travail sous ce titre : *V. Cl. Joan. Venduillii J. V. D. primum Lovanii canonum ordin., post Duaci LL. primi ac primarii, de principiis et œconomia librorum juris universi ad proœmium Pandectarum sive ad 4 constitutiones justinianas, Pandectis prœfigi solitas, Commentarius. Opus posthumum, et tum ad Pandectarum Codicisque partitionem ac methodum facilius indagandam, tum ad tollendas anti-nomias conciliandaque juris loca in speciem pugnantia, utile imprimis ac necessarium. Publicabat Valerius Andreas Desselius J.-C. et professor R. in academiâ Lovaniensi. Lovanii, apud Petrum Sassemum, anno 1655.*

Etant évêque de Tournai, Jean Vendeville publia :

1° *Quœdam magni momenti ad non parum promovendum honorem Dei et salutem animarum, ab omnibus decanis christianitatis, pastoribus, concionatoriis et confessariis diœ-cesis Tornacensis diligenter observanda hoc anno usque in diem Cinerum anni proximi* 1589. 8. *p. in-4°. Duaci, typis Joannis Bogardi.*

2° *Statuta synodi diœcesanœ Tornacensis habitœ anno Dom.* 1589, *feriâ tertiâ ante Pentecosten, prœsidente reverendissimo in Christo patre D. Joanne Venduillio Ep. Tornacensi. Tornaci, apud Nicolaum Laurentium. MDLXXXIX.* 40 p. *in-4°.*

3° *Manuale pastorum ad uniformem administrationem sacramentorum aliorumque officiorum ecclesiasticorum per civitatem et diœcesim Tornacensem. Lovanii, excudebat Joannes Masius typographus juratus, MDXCI.*

Jean Vendeville s'inspirait d'un sentiment plus pur que

la vaine ambition de se faire un nom ; il n'était animé
que du désir de remplir son devoir et d'opérer le bien.
De là le peu de souci qu'il a témoigné pour des écrits
dont la publication n'aurait servi qu'à perpétuer la réputation d'homme savant qu'il s'est acquise sans y prétendre.
C'était là une gloire qu'il foulait aux pieds comme toutes
les autres. Il avait pris pour devise cette sentence : QUÆ
SURSUM SUNT QUÆRITE; et sa vie tout entière est une preuve
éclatante qu'il y a été constamment fidèle.

Après la mort de Jean Vendeville, Louis de Berlaimont, archevêque de Cambrai, qui avait été contraint
de sortir de sa ville épiscopale tombée au pouvoir des
états, fut nommé, sur les instances de Philippe II,
pour trois ans, par le pape Clément VIII, administrateur
du diocèse de Tournai. Il y fit son entrée solennelle le
13 novembre 1593. Lorsque le comte de Fuentès eut
repris Cambrai sur les rebelles, en 1595, Louis de
Berlaimont y retourna ; et Philippe II avait jeté les yeux,
pour le siége de Tournai, sur Jean-Charles Schets, protonotaire apostolique de l'église Saint-Lambert à Liége,
et membre du grand conseil des Pays-Bas qui siégeait
en Espagne. Sa vertu égalait ses rares talents, et tout
faisait présager un épiscopat glorieux. Mais la mort le
surprit, lorsqu'après la nomination royale, il se rendait
en Flandre pour y attendre ses bulles. Philippe II nomma
immédiatement à sa place, Michel d'Esne, né à Cambrai, le 8 janvier 1540, d'Adam d'Esne, seigneur de

Béthencourt, et de Bonne de Lalain. Il avait quitté le
parti des armes pour embrasser l'état ecclésiastique, et
vivait retiré à Douai, s'appliquant à l'étude de la théologie et des Pères, et consacrant ses loisirs à traduire
des ouvrages de piété. On eut beaucoup de peine à lui
persuader d'accepter la dignité épiscopale; car il redoutait
la charge des âmes, et disait « que la mître cache des
épines plus poignantes que la couronne des rois. » Il
céda pourtant aux conseils et aux instances de ses amis,
et fut sacré le 7 décembre 1597, dans l'église abbatiale
de Saint-Martin de Tournai. Il était plein de vénération
pour Jean Vendeville, et s'inspira de ses idées pour
gouverner avec la même sagesse le diocèse de Tournai.
Sur ses instances, Nicolas Zoës réunit les notes que,
du vivant de ce pieux évêque, il avait rédigées pour
son édification particulière, et publia sa biographie. On
regrette que cet écrivain ne soit pas entré dans plus de
détails sur la première partie de cette belle vie. Il paraît
n'avoir pas compris que ces notes, suffisantes pour lui
rappeler à lui-même et à ses contemporains les belles
actions de ce grand homme, ne suffiraient pas à ceux
qui viendraient après lui. Quant à la véracité de Zoës,
elle n'a été révoquée en doute par personne; et de
plus, nous en avons pour garant le célèbre Guillaume
Estius, qui avait connu intimement l'évêque de Tournai,
et qui, dans l'approbation du livre de Zoës, rend témoignage à la fidélité avec laquelle ce dernier parle de
la haute vertu de Jean Vendeville et des grands exemples
qu'il a donnés. Mais arrêtons-nous; car nous nous
sommes promis de ne pas nous occuper d'une malheu-

reuse notice publiée il y a peu de mois dans un recueil passablement ignoré, et rédigé par des hommes qui ont probablement d'excellentes raisons pour affectionner le mystère : de pareilles débauches d'esprit ne méritent pas les honneurs d'une réfutation sérieuse.

NOTES

A

LITTERÆ DOMINI JOANNIS VENDUILLII

AD PRÆSIDEM VIGLIUM

DE ADJUVANDIS QUIBUSDAM ANGLIS.

S. P. Fecit singularis tua pietas, augustissime Domine Præses, eximiumque Ecclesiam Dei adjuvandi studium, cum alias sæpè, tàm institutione præstantis collegii in academiâ Lovaniensi, tàm evidenter declaratum, ut ego, re non indiligenter expensâ judicarim me rectè facturum esse, si de re quâdam piâ, hìc ad Dei gloriam jam inchoatâ, ad Amplitudinem Vestram aliquid scriberem. Nam et, per Dei gratiam, me non frustrà scripturum esse, et, ut Amplitudo Vestra, propter aliquam causam neque patrocinium neque auxilium hâc in re sibi præstandum judicet, me tamen apud virum pium et timentem Deum hoc meo facto peccare non posse. Mi Domine, res ità habet. Jam indè à sex aut septem mensibus, visum est duobus aùt tribus viris piis et zelum domus Dei habentibus, fore perutile ad juvandas multas animas, tùm in hoc Belgio, tùm in aliquot regionibus vicinis, iisque olìm, tùm de hâc Galliâ Belgicâ, tùm de Germaniâ et bonâ parte orbis christiani optimè meritis (inferendo in eas Evangelii lucem discussis paganismi tenebris per Bonifacios, Guillebrardos et alios), si hic in unam domum

colligerentur aliquot Angli, theologiæ studiosi, magnæ indolis et
spei, religionis causâ hic commorantes, et magnâ inopiâ pressi,
ac in studio theologico provecti, et alio qui liberaliter instituti :
iique, lecto adjuti (et suppeditato istis victu tenui et frugali) diligenter instituantur in controversiis ac non vulgari cognitione his-
toriæ et antiquitatis ecclesiasticæ : et universæ quidem theologiæ
cognitionem habeant non contemnandam (quam et jam plerique
eorum habent), sed in eam quam modo dicebam theologiæ partem
deinceps diligenter incumbant, ut per Dei gratiam in eâ excellant,
vel certè multum possint ; ac deindè biennio, plus minus ad eum
modum instituti et exercitati, in Angliâ religionis catholicæ negotium
agant, etiam cum vitæ periculo, ac si Dominus Deus tandem An-
gliam respexerit, palàm magno celerique successu religionem
orthodoxam in patriâ restituant, plurimasque animas lucrifaciant,
quarum singulæ tàm sunt pretiosæ in conspectu Domini. Visum est
etiam fore perutile, si aliquot nostrates, theologiæ studiosi, fortunæ
tenuis, qui jam triennio aut quadriennio theologiæ studuerint,
suntque magnæ indolis et spei, eis adjungantur, qui ad eum modum instituti et exercitati, illorumque exemplo excitati in eâdem
disciplinâ, præfici possint ecclesiis parochialibus vel pastoribus magno auxilio esse incredibili (ut videtur) multarum animarum fructu.
Porrò cum tale quid fieri visum esset vehementer expedire, tentati
sunt animi quatuor aut quinque piorum virorum, qui et possent,
et pro suâ pietate viderentur non recusaturi, aliquam notabilem
eleemosynam in eum usum conferre ; atque adeo Dei beneficio jam
aliquousque progressa res est et satis feliciter incœpta.

Nàm jam indè à festo S. Michaelis conducta est domus ampla satis
et percommoda scholæque theologicæ admodum vicina ; jam in eâ
sunt quinque aut sex Angli magnæ indolis et spei, partim viri,
partim adolescentes viginti trium aut viginti quatuor annorum :
item duo nostrates ; et præsidem habent virum doctissimum et
præstantissimum, D. Guilielmum Alanum theologiæ licentiatum,
Anglum, et nuper hìc factum catechistam publicum universitatis
et magistratûs rogatu, virum in controversiis exercitatissimum,
solidèque et verè eleganter doctum, quique negotium religionis
catholicæ proximè superioribus annis in Angliâ diligenter egit, cum
evidentissimo vitæ suæ periculo, et multos tum nobiles tum igno-
biles ab errore in viam revocavit, ut testantur Angli qui sunt in
Belgio. Illi itaque jam indè, ab aliquot septimanis, cœperunt unâ

vivere , in eâ quam dixi disciplinâ et frugalitate , eâque ratione institutionis et exercitationum quam dixi : quæ cum ità sint , amplissime Domine Præses , et eleemosynæ addictæ procul dubio non sufficiant , humillimè supplico per Christum Dominum , ut Amplitudo Vestra dignetur operam dare , ut ab illustrissimo Domino duce Albano in hunc usum tam pium summam aliquam ducentorum aut trecentorum coronatorum ex bonis confiscatis vel aliundè impetret.

B

NOMINA EORUM QUI EX COLLEGIO ANGLORUM DUACENSI

IN BRITANNIA

PRO FIDE CATHOLICA MARTYRIUM SUBIERUNT.

ANNO 1577.

1. Cutbertus Mainus, presbyter, Lanstoniæ martyrium subiit tertio kalendas decembris.

ANNO 1578.

2. Joannes Nelsonus, presbyter, Londini, tertio nonas februarii.
3. Thomas Shervodus, scholaris, Londini, septimo idus februarii.

ANNO 1581.

4. Everardus Hanseus, sacerdos, Londini , pridie kalendas qüinctileis.
5. Edmundus Campianus.
6. Radulphus Serhvinus.
7. Alexander Briantus ,
> tres hi sacerdotes, quorum duo Edmundus Campianus et Alexander Briantus societatem Jesu ingressi fuerant, Londini kalendas decembris decertarunt.

ANNO 1582.

8. Joannes Painus, sacerdos, Chemsfordiæ , quarto nonas aprileis.

9. Thomas Fordus.
10. Joannes Shertus.
11. Robertus Johnsonus,
    hi tres presbyteri, Londini, quinto kalendas junii mar-
    tyrio adfecti sunt.
12. Guilielmus Filbæus.
13. Lucas Hirbæus.
14. Laurentius Johnsonus, vel ut alias legitur, Richardsonus.
15. Thomas Cottamus,
    quatuor hi sacerdotes, Londini, tertio kalendas junii inte-
    rempti sunt.
16. Guilielmus Lacæus, sacerdos romanus qui in carcere constitutus
    in societatem Jesu fuit receptus.
17. Richardus Kirkmanus, sacerdos, Eboraci, sexto kalendas sep-
    tembris.
18. Jacobus Thomsonus, sacerdos, Eboraci, quarto kalendas de-
    cembris.

ANNO 1583.

19. Guilielmus Hartus, sacerdos romanus, Eboraci, idus martii.
20. Richardus Thirkellus, sacerdos, Eboraci, quarto kalendas
    aprileis.
21. Joannes Stadus, jurista, Vintoniæ, tertio kalendas novembreis.
22. Joannes Bodeus, jurista etiam, Andovaci, quarto nonas no-
    vembreis.

ANNO 1584.

23. Georgius Haddocus.
24. Joannes Mundenus.
25. Thomas Emerfordus.
26. Jacobus Fensonus.
27. Joannes Nutterus,
    quinque hi sacerdotes, Londini, pridie idus februarii patibulo
    affixi sunt.

ANNO 1585.

28. Thomas Aufildus, presbyter, Londini, pridie nonas quinctileis.
29. Hugo Taylecus, presbyter, Eboraci, sexto kalendas decembris.

ANNO 1586.

30 Eduardus Stranshamus.
31. Nicolaus Woodfenus,

duo hi sacerdotes, Londini, duodecimo kalendas februarii occisi sunt.

32. Richardus Sergentus.
33. Guilielmus Comsonus,
     sacerdotes ambo, Londini, quarto idus aprileis.
34. Robertus Audertonus.
35. Guilielmus Marsdenus,
     presbyteri, in Vectu-Insula, in maio.
36. Franciscus Inglebæus, sacerdos, equitis aurati filius, Eboraci, tertio nonas junii.
37. Joannes Sandes, sacerdos, Glocestriæ, tertio idus sextileis.
38. Joannes Adamus, sacerdos, Eboraci, octavo idus octobris.
39. Joannes Finglæus, sacerdos, Eboraci, sexto idus sextileis.
40. Robertus Debdallus, presbyter, Londini.
41. Thomas Pilchardus, seu Pilcheus, sacerdos, Dorcestriæ, duodecimo kalendas aprileis.
42. Robertus Suttonus, sacerdos, Staffordiæ ..... martii.
43. Edmundus Sikes, sacerdos, Eboraci, decimo kalendas aprileis.
44. Joannes Hamblæus, sacerdos, Eboraci, quinto idus septembreis.
45. Alexander Crous, Eboraci, pridie kalendas decembreis.
46. Stephanus Rowshamus, sacerdos, Glocestriæ.

ANNO 1588.

47. Guilielmus Deanus, sacerdos, Londini.
48. Guilielmus Guntanus, sacerdos, occisus in theatro.
49. Robertus Mortonus, sacerdos.
50. Hugo Morus, scholaris,
     coronati sunt in Lincolnes-Inne-ffieldes.
51. Thomas Holfordus, sacerdos, occisus est juxta Elerffcnwel.
52. Jacobus Claxtonus, sacerdos.
53. Thomas Feltonus,
     occisi sunt juxta Hemflow.
  Hi septem occisi sunt quinto kalendas septembreis.
54. Richardus Leigh. sacerdos, Tiburni, tertio kalendas septembreis.
55. Robertus Wilcox.
56. Eduardus Campianus,
     sacerdotes ambo, martyrium subiere Cantuariæ, in septembri.

57. Guilielmus Wayius, sacerdos, Kingstoniæ, kalendis octobris.
58. Eduardus James, in Urbe consecratus.
59. Radulphus Crokettus, sacerdos,
        martyrium consummarunt Bicestriæ, kalendis octobris.
60. Christophorus Buxtanus.
61. Joannes Robinsonus,
        presbyteri, martyrio adfecti Ipswicii, kalendis octobris.
62. Joannes Hewettus, presbyter, Eboraci, tertio nonas octobris.
63. Guilielmus Hartleus, presbyter, Notinghamiæ, mense octobri :
   cui morienti adstabat mater sua, plurimum in Domino lætata,
   quod eum enixa esset filium qui Deum tam gloriosâ morte
   honoraret.
64. Eduardus Burdenus, sacerdos, Eboraci, tertio kalendas decembris.
65. Richardus Sympsonus.
66. Robertus Ludlamus.
67. Nicolaus Garlikus,
        tres hi sacerdotes agonem complevere Darbiæ.

ANNO 1589.

68. Joannes Amias.
69. Robertus Dalbæus,
        sacris hi operatores Eboraci occubuerunt septimo decimo
        kalendas aprileis.
70. Georges Nichols.
71. Richardus Yaxleus,
        presbyter uterque, Oxonii tertio nonas quinctileis.
72. Guilielmus Spencerus, sacerdos, Eboraci, octavo kalendas
   octobris.

ANNO 1590.

73. Christophorus Bales, sacerdos, Londini, in Fleetstreete, quarto
   nonas martii.
74. Milo Gerardus.
75. Franciscus Diconsonus,
        presbyteri, Docestriæ, pridie kalendas maias.
76. Eduardus Johnes.
77. Antonius Midletonus,
        sacerdos uterque, Londini, pridie nonas maii.
78. Edmundus Dukus, sacerdos romanus.

79. Richardus Hillus.
80. Joannes Hoggus.
81. Richardus Holliday,

    quatuor hi sacerdotes Dunelmi passi sunt pridie nonas maias.

ANNO 1591.

82. Robertus Thorpus, sacerdos, Eboraci, pridiè kalendas junii.
83. Monfortus Scottus.
84. Georgius Bislæus,

    sacerdotes, Londini coronati sunt sexto nonas quinctileis
85. Rogerus Disconsonus, sacerdos, Vintoniæ, nonis quinctileis.
86. Edmundus Genningus, presbyter, Londini, quarto idus decembris.
87. Polydorus Plasdenus, romanus sacerdos, Tyburni, quarto idus decembris.

ANNO 1592.

88. Guilielmus Patensonus, sacerdos, Londini, undecimo kalendas februarii.
89. Thomas Pormortus, sacerdos romanus, Londini in cœmeterio Sancti-Pauli, decimo kalendas martias.
90. Antonius Pageus, sacerdos, Eboraci, duodecimo kalendas maiias.
91. Josephus Lamptonus, sacerdos, Novocastri, sexto kalendas sextileis.
92. Guilelmus Davies, sacerdos, Beumaritii, sexto kalendas sextileis.
93. Edwardus Watersonus, sacerdos. . . . .

ANNO 1594.

94. Guilielmus Harringtonus, presbyter, Londini, duodecimo kalendas martias.
95. Joannes Cornelius, romanus sacerdos, qui in societatem Jesu admissus fuerat, Docestriæ, quinto nonas quinctileis.
96. Jeannes Bostus, sacerdos, Dunelmæ, quarto decimo kalendas sextileis.
97. Jaannes Ingramus, sacerdos factus in Urbe, Novocastri octavo kalendas sextileis.
98. Eduardus Osbaldestonus, sacerdos, Eboraci, sextà decimà kalendas decembris.

ANNO 1595.

99.   Robertus Southwellus, sacerdos, Londini, quinto nonas martii.

100.   Henricus Walpolus.

101.   Alexander Rolingus,

duo hi sacerdotes in societate Jesu admissi, Eboraci, septimo idus aprileis.

102.   Guilielmus Fremanus, sacerdos, Warvici.....,. augusti.

ANNO 1597.

103.   Guilielmus Antobæus, sacerdos, Eboraci, quarto nonas quinctileis.

ANNO 1598.

104.   Petrus Snowus, sacerdos, Eboraci, septimo decimo kalendas quinctileis.

105.   Christophorus Robinsonus, sacerdos, Carleoti.....,.

106.   Guilielmus, vel ut aliàs Richardus Hornerus, presbyter, Eboraci, pridiè nonas septembris.

ANNO 1599.

107.   Mathias Harisonus, presbyter, Eboraci......

ANNO 1600.

108.   Christophorus Whartonus, sacerdos, Eboraci, quinto kalendas aprileis.

109.   Thomas Palaserus, presbyter e Vallesoletano collegio, Dunelmi, die.... julii.

110.   Thomas Sprottus, sacerdos, Lincolniæ..... mense julio.

111.   Robertus Notterus.

112.   Eduardus Thewingus,

sacerdotes, Lancastriæ, septimo kalendas sextileis.

ANNO 1601.

113.   Joannes Pibusth, sacerdos, Londini, tertio idus februari.

114.   Rogerus Filcochus, sacerdos in societatem Jesu admissus, Londini, tertio kalendas martii.

115.   Marcus Barkworth, in cœtum D. Benedicti adscriptus, Londini tertio kalendas martii.

116.   Thurstanus Huntus, sacerdos, Lancastriæ, die..... martii.

ANNO 1602.

117.   Jacobus Harisonus, presbyter, Eboraci, undecimo kalendas aprileis.

118. Francisus Pageus, sacerdos in societatem Jesu admissus.
119. Robertus Watkinsmus, presbyter,
      ambo Londini tertio kalendas maias.

ANNO 1603.

120. Guilielmus Richardsonus, sacerdos, Londini, tertio decimo kalendas martias.

ANNO 1604.

121. Joannes Sugerus, sacerdos, Warvici, die.... augusta.

ANNO 1606.

122. Eduardus Olcornus, sacerdos in societatem Jesus admissus, Vigorniæ, septimo idus aprilis.

ANNO 1607.

123. Robertus Drewreus, presbyter, Londini, quarto kalendas martias

ANNO 1608.

124. Majorus Flatherus, sacerdos, Eboraci, duodecimo kalendas aprilis.
125. Georgius Gervasius, sacerdos, Londini, quarto nonas aprileis.

ANNO 1610.

126. Rogerus Cadwallador, sacerdos, Lemsterii, die xxvii augusti stilo veteri.
127. Georgius Napperus, sacerdos, Oxonii, die... novembris.
128. Joannes Robertus, sive de Mervinia, Cantabrigientis.
129. Thomas Sommerus, vel Wilzonus,
      sacerdotes in cœtum D. Benedicti adscripti, Londini quarto idus decembris.

ANNO 1612.

130. Joannes Almandus, presbyter, Londini, nonis decembris.

ANNO 1616.

131. Thomas Atkinsonus, sacerdos, Eboraci, quinto idus martii.
132. Joannes Thulis, sacerdos, Lancastriæ, mense martio.
133. Thomas Max-Fildæus, sacerdos, Londini, kalendas quinctileis.
134. Thomas Helmes, sacerdos, Nordovici, tertio idus quinctileis : in voto paulò ante mortem ord. S. Benedicti.

ANNO 1618.

135. Guilielmus Sowtherne, sacerdos, juxta Novum-Castrum, pridiiè kalendas maiias.

Tels sont les noms des jeunes gens qui, élevés à Douai, dans le collége des Anglais, ont eu la gloire de répandre leur sang en Angleterre pour rendre témoignage à leur foi. On conservait au collége des Anglais une grande partie des reliques de ces généreux confesseurs. Comme ils n'étaient point canonisés, leurs précieux restes n'étaient pas exposés à la vénération des fidèles. Mais Grégoire XIII, voulant honorer leur martyre, autorisa à se servir de leurs reliques comme de celles des saints canonisés par la consécration des autels.

C

LETTRE DU CARDINAL ALAN

A ANTOINE MARTIN SON ÉLÈVE, EN RELIGION D. ATHANASE,

qui avait quitté le collége des Anglais pour se faire bénédictin.

MOST DEAR BROTHER AND CHILD,

I have received two letters from you since you have withdrawn into those holy places; both of them elegantly and lovingly, but which is above all, religiously written. To the first I answered by some about me: but to the last, having got some little leisure, I resolved to write myself.

First, that you might not by other person's words only see how much I affection you, but also by my own. Next, that

MON BON FRÈRE ET CHER ENFANT,

J'ai reçu de vous, depuis que vous vous êtes rendu dans votre sainte solitude, deux lettres écrites avec beaucoup d'élégance, pleines d'une tendre affection pour nous, et, ce que je préfère à tout le reste, inspirées par le sentiment d'un grand esprit de piété. J'ai fait répondre à la première par un de ceux qui sont auprès de moi; mais puisqu'en ce moment j'ai quelque loisir, je veux répondre moi-même à la seconde.

Il ne suffit pas que vous sachiez par autrui, mais il faut que je vous dise moi-même, combien je vous aime, et combien j'approuve

you might know how much I
esteem your progress in that
most holy state of life, for which
— much more now in the Lord
than ever in the world, though
your remarquable talents ever
rendered you very dear to me —
I love and embrace you. Lastly,
that I might communicate unto
you the joy I have conceived of
this most happy state of life, to
which I apply the words of the
Apostle : « I have no greater
joy than to hear that my chil-
dren walk in truth. » Wherefore,
I most highly congratulate your
contempt of human affairs, and
your fervour in pursuit of those
of heaven ; and that having es-
caped and overcome the most
turbulent and cruel movements
of a wordly and secular life,
you model and form yourself in
such holy discipline, prudently
prefering to the most turbulent
businesses of the world the most
holy leisures of a most ancient
and most glorious religious state
of life. For this solid, good and
most saving advantage, I congratulate with you from the bot-
tom of my heart ; neither is
there any thing more for you or
me to crave from Christ, our
sovereign good, who inspired
you this, but that He will please,
of His infinite pity and goodness,
to assist you to the end of the
work of your salvation, which

le parti que vous avez pris d'embrasser un état de vie plus parfait.
Je tenais singulièrement à vous,
et je vous chérissais à cause des
belles qualités et des talents re-
marquables que le Seigneur a mis
en vous ; vous m'êtes devenu plus
cher encore depuis que vous avez
résolu de suivre de plus près
Notre-Seigneur Jésus-Christ en
entrant en religion ; et je puis dire
à cette occasion avec l'Apôtre :
« Je n'éprouve jamais de plus
grande joie que lorsque j'apprends
que mes enfants marchent dans la
vérité. » Je vous félicite donc hautement d'avoir méprisé les choses
de la terre afin de poursuivre avec
plus d'ardeur celles du ciel. Vous
faites preuve d'une grande sagesse
en vous arrachant aux agitations
et au tumulte du siècle pour entrer dans l'ordre monastique le
plus ancien et le plus glorieux. Je
me réjouis avec vous de toute
mon âme de cette généreuse résolution que le Ciel vous a inspi-
rée. Il ne nous reste plus, à vous
comme à moi, qu'à demander
à Jésus-Christ, notre souverain
bien, qui vous a fait concevoir ce
pieux dessein, qu'il daigne dans
sa bonté infinie perfectionner et
consommer ce que sa grâce a si
bien commencé. Il en sera certainement ainsi, si après avoir mis
la main à la charrue, vous ne
regardez pas en arrière, vous ef-
forçant d'avancer toujours dans la

he has so happily begun ; which he will not fail, if that, since you have put your hand to the plough of the Lord, you do not look back, but advance forward to the utmost you may be able ; if you are diligent in the hard yet sweet labours of religion ; if courageously and stoutly you shake off temptations ; if you cast out of your mind what, for your trial, you have suffered in the world, either from enemies, or bad catholics, or rivals, or envious, and also pray for your persecutors, which all the saints in heaven do, whose life and charity you have taken on you to express on earth, by a lively imitation of them.

Let others think and say what they list of this most holy state of life, I would have you persuaded I most heartily espouse your affairs, and mightily like this resolution you have taken of engaging in religion, and hope that you are taken from this wicked world to contribute to the restoration of most holy order which formerly so flourished in our country; and your pen and genius will render you an ornament thereof; and therefore so much the more profit you make in that most holy discipline, so much the more I shall love you, and you will have no reason to repent of this resolution.

voie ; si vous vous montrez plein de courage et de persévérance dans les dures mais douces observances de la vie religieuse ; si vous luttez avec fermeté contre les tentations ; si vous ne vous préoccupez pas de ce que vous avez souffert dans le monde, soit de la part de vos ennemis, soit de la part des mauvais catholiques ou de vos envieux, si, à l'exemple des saints, dont vous allez sur la terre retracer la vie céleste par l'imitation de leurs vertus, vous priez pour vos persécuteurs.

Que les autres disent ce qu'ils voudront de votre résolution ; pour moi, je l'approuve pleinement, et je vous félicite de l'avoir mise à exécution. C'est Dieu lui-même qui vous a inspiré ce pieux dessein, et je crois fermement qu'il vous a choisi et tiré du milieu du monde pour contribuer à la restauration de cet ordre autrefois si célèbre dans notre pays. Vos talents m'en sont un sûr garant, et plus vous deviendrez parfait dans votre nouvel état, plus aussi je vous aimerai, et moins vous serez exposé à vous repentir du parti que vous avez pris.

If a letter would allow it, or that I had time, I could expose to your piety, out of the histories of our nation, many things concerning the sanctity and greatness of this order in England. For St Augustine himself, and all the other disciples of St Gregory, who converted our nation to the faith, were all of this order; and all the first monasteries (of which venerable Bede), as likewise he himself, were of the self-same institute; and all the cathedral chapters, wich were afterwards held by secular canons, were at their beginning in the hands of Benedictine monks. So was Canterbury-church in the time of Lanfranc, Anselm, Thomas the martyr, who themselves were monks of the self-same order : that I may say nothing of the most noble monasteries of Westminster, St Alban's, St Edmund's, Glastonbury, whose abbots, and many other more, proved glorious martyrs under Henry VIII. These examples, my child, are able to encourage you and the rest of our countrymen to strive after the solid glory of Christ and his Church.

For my part, 1 myghtily delight at the sole thought of such great men; which thought, and

Si le temps et les limites étroites d'une simple lettre me le permettaient, que ne pourrais-je pas vous dire pour vous démontrer, par l'histoire de notre nation, tout ce qu'a fait de grand, de saint et de glorieux en Angleterre, l'ordre de Saint - Benoît ? Notre premier apôtre Augustin, et ceux qui ont été envoyés avec lui par le pape saint Grégoire pour convertir l'Angleterre, n'étaient-ils pas bénédictins ? Le vénérable Bède l'était aussi, et les premiers monastères de notre pays ont suivi la règle de Saint - Benoît. Tous les chanoines de nos cathédrales, avant leur sécularisation, étaient également des enfants de Saint-Benoît. Il faut dire la même chose de Lanfranc, d'Anselme, de Thomas, notre glorieux martyr, tous archevêques de Cantorbéry; les abbés des nobles monastères de Westminster, de Saint-Alban, de Saint-Edmond, de Glastonbury, sans parler d'une multitude d'autres qui, comme eux, ont glorieusement confessé la foi sous Henri VIII, appartenaient au même institut. Tous ces beaux exemples, mon cher enfant, sont bien propres à vous encourager, et à nous animer tous d'un saint zèle pour la défense de Jésus-Christ et de son Eglise.

Cette lettre est plus longue que d'habitude ; mais comment être bref, lorsqu'on vient à parler de

the remembrance of our old affairs, has made me longer than I would have been, but not to the dislike of either you or me, for I talk freely with you. Therefore remember me in your prayers and sacrifices; and salute from me the superior of your house and order, very affectuously in the Lord, who will abundantly recompense this most Christian charity which they thus exercise on our fellow-pilgrims and exiles. Adieu, my dear child.

From our mansion at Rome, the 12 th of the kalends of february 1594.

With mine own hand, thine in Christ.

William Cardinal Allen.

ces grands hommes et de leur sainte vie ? Au reste, c'est à vous que j'écris ; ma prolixité ne vous sera pas désagréable, et moi, je trouve toujours du plaisir à m'entretenir avec vous. Souvenez-vous de moi dans vos prières et vos saints sacrifices ; et saluez pour moi le supérieur de votre maison et celui de votre ordre, très-affectueusement en Notre-Seigneur, qui récompensera abondamment la charité si chrétienne qu'ils exercent en tant de façons envers nos frères exilés et pèlerins. Adieu, mon cher enfant.

De notre maison de Rome, le 12 des calendes de février 1594.

Tout votre en Jésus-Christ.

Guillaume Cardinal Alan.

D

LETTRE DU CARDINAL ALAN

AU R. P. ÉVERARD MERCURIAN, GÉNÉRAL DE LA COMPAGNIE DE JÉSUS.

Etsi calamus meus apud te jam diu cessavit, tamen animus meus, et corda meorum apud communem Dominum, pro te, lectissimoque grege tuo non si-

Quoique depuis longtemps je n'aie pas eu l'honneur de vous écrire, cependant mes sentiments pour vous n'ont pas varié, et nous n'avons pas cessé, moi et les

lent unquàm. Cum enim in his diuturni exilii et difficillimorum temporum continuis calamitatibus omnibus facti sumus per Christum debitores, vestræ tamen sanctæ societatis in nostros homines merita, cæterorum officiis universis antiquiora, gratiora, ac sane salutariora semper extiterunt.

Meministi etenim, colendissime vir, nisi forsan (quod facilè crediderim) aliis a te tuisque præstiti beneficii christianè oblivisceris : alioquin in Belgio tum degens, et exules anglos summoperè complectens, meminisse posses (et ego lubens sane recordor) jam tum ab initio desolationis nostræ, plerosque ab illa perditione ereptos, vel in sacrum ordinem vestrum receptos, vel Ecclesiæ matri vestrorum studio ac operâ restitutos : vel sequentibus deindè annis Lovanii primum, tùm Duaci, tandem etiam Romæ consilio, caritate, consolatione, auctoritateque in primis vestrâ fuisse servatos. Ut de hoc quantulocumque agri dominici relicto semine post Deum, ac sanctissimum patrem Gregorium, ejusque summos ministros, vobis patria nostra, si quam unquàm habituri sumus, primas gratias debere videatur.

miens, de vous recommander fréquemment à Dieu, ainsi que la sainte congrégation dont vous êtes le chef. Les continuelles calamités de notre long exil nous ont institués débiteurs envers tous en Jésus-Christ ; néanmoins les bienfaits dont votre société a comblé notre nation ont toujours été plus précieux et à vrai dire plus salutaires que tous les autres services.

Vous vous souvenez sans doute, vénérable père, à moins que vous ne vous appliquiez (ce que je crois facilement) à oublier, selon l'esprit chrétien, les bons offices que par vous et par les vôtres vous rendez au prochain, vous vous souvenez, ou vous pouvez facilement vous souvenir, comme je m'en souviens avec un vif sentiment de reconnaissance, qu'au commencement de nos malheurs, vous avez arraché à la ruine éternelle un grand nombre de nos compatriotes, soit en les recevant dans votre compagnie, soit en les ramenant par votre zèle au giron de la sainte Eglise ; que les années suivantes beaucoup d'autres, à Louvain d'abord, puis à Douai, se sont sauvés principalement par vos conseils, votre charité et votre consolante autorité : de sorte qu'après Dieu, le saint père Gregoire et ses premiers ministres, c'est à vous, on peut le dire, que notre patrie (si l'Angleterre doit jamais redevenir notre patrie) sera éminemment

Inter cætera tamen recentissimum est istud, et plane singulare priora omnia beneficia vestra complectens, quòd ad nostrorum istic studiosorum institutionem non ita pridem ex societate, alioquin variis caritatis muneribus occupatissima, homines commodissimos concesseritis. De quo cum multa mihi domum ad me nuper rediens Gregorius Martinus meus jucundè narraverit, plurimaque læti, ac libenter ex urbe reverendus dominus archidiaconus Audoënus, et ii ipsi, ad quos hæc felicitas maximè pertinet, sæpè ad me scribant; ego, qui nihil in orbe illorum juvenum salute et sanctâ educatione carius habeam, intimum de Reverendissimæ Paternitatis tuæ beneficio ipsis præstito, animi mei gaudium celare non potui.

Equidem, mi pater, quoad in hoc seculari, quo vivimus statu, fieri potuit, et licuit, dedi operam semper, ut nostri non aliis, quàm vestris studiis, institutis, moribus, quibus nihil est hodiè, vel ad doctrinam expeditius, vel ad pietatem sincerius, vel quod maximè nunc requirimus ad zelum lucrandarum animarum accommodatius, præcipuè imbuerentur. Et illi ipsi, nescio quâ animi inductione, sed divi-

redevable de ce reste de semence dans le champ du Seigneur.

Mais de tant de services rendus par vous, le plus grand, et celui qui embrasse tous les autres, c'est d'avoir récemment donné pour maîtres à nos jeunes gens les hommes de votre compagnie les plus propres à cette tâche. C'est ce que j'ai appris avec bonheur de mon cher Grégoire Martin, qui est revenu auprès de moi, et par les lettres que m'ont écrites de Rome l'archidiacre Audoënus et ceux-là mêmes qui jouissent de ce bienfait : et comme je ne désire rien tant au monde que le salut et la sainte éducation de ces jeunes gens, je n'ai pu contenir ma joie au récit de tout ce que Votre Paternité fait en leur faveur.

Il est vrai que pour moi, autant que cela m'a été possible et convenable, prêtre seculier comme je le suis, j'ai toujours cherché à faire en sorte que nos jeunes gens, pour les études, la discipline et les mœurs, fussent dirigés exclusivement comme la compagnie dirige ses élèves. Votre méthode est ce qu'il y a aujourd'hui de plus expédient pour les sciences, de plus sincère pour la piété, de plus apte à exciter le zèle pour la

nitus, ut interpretor, indita longè lubentissimè vestra ubique et gymnasia consectati sunt, et mores imitati.

Ad quam rem non quantum optavimus, sed quantum consequi tunc potuimus, vicina nobis sæpe collegia vestra commoditatem præbuerunt.

Sed nunc, cum id sit a Deo nobis per suam sanctitatem tributum, ut in illo Ecclesiæ ac orbis principe loco, collegium habeamus, et per tuam pietatem porro concessum, ut id hactenus vestrorum operâ atque prudentiâ gubernetur et instituatur; omnia sane mihi meisque in Christo donata sunt.

Neque aliud desideramus quàm ut ejus istic, nostrique hìc collegii, totiusque gentis nostræ causâ, suâ gratiâ et auctoritate apud sanctissimum Dominum nostrum continuo fiat commendatior, atque ut hoc tuum etiàm Patrumque beneficium diuturnum esse velis : ut velis autem, mi domine colendissime, Alanus omnibus vitæ suæ officiis filius et famulus tuus, tuorumque sincerus ama-

conquête des âmes, objet de notre plus ardente sollicitude. Nos Anglais eux-mêmes, par je ne sais quelle inclination (si je ne me trompe toutefois, c'est de Dieu qu'elle leur vient), se sont partout montrés empressés à fréquenter vos écoles et se sont mis à imiter votre manière de vivre.

Pour favoriser cet attrait de nos élèves, nous avons recherché pour nos établissements, si pas autant que nous l'aurions désiré, toujours du moins autant que nous l'avons pu, le voisinage des colléges de votre compagnie.

Aujourd'hui que Dieu, par votre entremise, a inspiré au souverain Pontife le désir de fonder un de nos établissements dans la capitale même du monde chrétien, avec la faculté d'en confier la direction aux soins et à la sagesse des Pères jésuites, nous sommes, les miens et moi, au comble de nos vœux.

Notre unique désir est qu'à l'occasion de notre collége de Reims et de celui de Rome, vous jouissiez d'un crédit et d'une faveur encore plus grande auprès du Saint-Père, et qu'il vous plaise, ainsi qu'à vos Pères, de continuer à nous donner votre utile concours. Consentez-y, ô vénérable Père ; c'est Alan, votre fils si dévoué et si constamment affectionné à vous et aux vôtres, qui vous en supplie au nom de Jésus-Christ, ou plutôt c'est notre

tor, per Christum rogat, vel respublica potius ac patria nostra rogat, illiusque caritatis et sollicitudinis, quam in omnes gentes christianas ac barbaras geris, partem aliquam supplex postulat. Nec repellas justissima petentes, pater; et qui per tuos apud extremos Indos, oves Christo colligis, perditam ovem britannicam nobiscum querere ne dedigneris. Si onus est, Christi onus est : qui et augebit vires ut possitis, et caritatem ut velitis ferre. Et quicquid sit, omnium nostrorum, qui ubique gentium sunt exulum precibus, operis, oblationibus tolerabilius fiet.

Quo loco nunc orbis christianus, sapientissime vir, sit, et quantopere nitendum sit, ne impiorum hominum conspiratione et scelerata diligentia fides et religio prorsus pereant, nemo te melius videt, aut magis curat. Nec sunt multi, cum armis et potentiâ jam pridem adversarii propter peccata nostra superiores esse videantur; qui non jam labentibus, sed ruentibus rebus, ita ut vos, succurrere velint, aut possint. Habetis nunc optimas ac maximas rei bene gerendæ

patrie elle-même qui vous en conjure : elle vous demande avec instance pour elle quelque chose de cette charité que vous étendez à toutes les nations chrétiennes et même barbares, O mon père, ne repoussez pas une prière si juste; vous qui envoyez vos enfants jusqu'à l'extrémité des Indes pour y recueillir les brebis de Jésus-Christ, consentez à chercher aussi avec nous la brebis perdue de la Grande-Bretagne. C'est une charge, oui; mais c'est la charge même de Jésus-Christ. Il augmentera vos forces pour que vous puissiez la porter; il augmentera aussi, je l'espère, votre charité pour que vous ne vous y refusiez pas. Le fardeau vous sera allégé par les prières, les bonnes œuvres, les sacrifices qu'offriront pour vous tant de catholiques anglais exilés pour la foi.

Personne ne reconnaît mieux que vous qu'il n'y a pas de pays au monde où il soit plus nécessaire qu'en Angleterre de déployer toute l'énergie possible pour empêcher la religion et la foi de succomber sous les coups d'une politique astucieuse et impie; personne ne le désire plus que vous. Nos ennemis, à cause de nos péchés, triomphent; leur puissance est redoutable; et trouve-t-on beaucoup d'hommes qui soient plus à même que vous, et qui souhaitent plus ardemment que vous, je ne puis plus dire d'em-

occasiones : talem pontificem, qualem fortassis sequentia tempora non dabunt, divinitus certè his Ecclesiæ calamitatibus concessum nobis : et ita rebus humanis, his maximè institutis seminariis consulentem, ut nesciam, an ulla alia æque expedita ratione religioni succurri queat. Sub tali patre et pastore vobis, mihi, omnibusque zelum Dei habentibus, niti, laborare, instare, urgere, facere, pati, mori pro communi, fide perjucundum esse debet.

pêcher, mais de relever les ruines? Jamais les circonstances n'ont été plus favorables pour une telle entreprise : nous avons un pontife tel que peut-être les siècles qui suivront n'en verront plus de pareil ; c'est Dieu lui-même qui l'a spécialement choisi pour ces temps si malheureux que nous traversons. Quel n'est pas son zèle pour l'érection des séminaires, seul moyen vraiment efficace de sauver la religion ? Sous un tel père et pasteur, ne doit-il pas être agréable à vous, à moi, à tous ceux qui ont du zèle, de s'efforcer, de travailler, d'agir, de se dévouer, de souffrir et de mourir pour la foi catholique ?

Sed indignitas horum temporum, gentisque meæ, longa et coacta calamitas, ac meorum amor efficerunt, ut maximarum occupationum tuarum oblitus tam multa non necessaria Tuæ Reverendissimæ Paternitati dixerim, cum sciam tuam pietatem hæc omnia videre, et multò plura facere, quàm ego desiderare aut postulare ausim.

Le malheur des temps, les maux affreux qui pèsent sur mon pays, et l'amour que je porte aux miens me font oublier que, connaissant vos occupations nombreuses, je devrais être plus court. Pourquoi vous entretenir si longuement de choses que vous n'ignorez pas, sachant surtout que vous faites beaucoup plus que je ne pourrais désirer et solliciter de Votre Paternité ?

Christus ergò Jesus Tuam Reverendissimam Paternitatem diutissimè Ecclesiæ suis nostrisque servet incolumem, ac dignetur nostram parvitatem suorum sanctissimis sacrificiis commendare, imprimisque reverendum pa-

Que Jésus-Christ vous conserve donc longtemps à l'Eglise et aux nôtres, et permettez-moi de me recommander, moi si misérable, à vos saints sacrifices. Veuillez aussi offrir d'une manière toute particulière au R. P. Olivier

trem Dominum Oliverium à me multùm salutare.	Mancar mes salutations respectueuses.
Remis, vii kalendas novembris.	Reims, 26 octobre 1578.
Addictissimus servus	Votre très-dévoué serviteur,
Guilielmus ALANUS.	Guillaume ALAN.

E

EPISTOLA JOANNIS VENDUILLII

AD VIGLIUM

PRO MINUENDIS ALUMNORUM FERIIS.

S. P. Vir amplissime. Facere non possum quin tibi breviter exponam quod mihi in mentem venit ; nàm cum ad juventutis utilitatem pertinent, non dubito quin id libenter sis auditurus. Postquàm a te discessi, Domine observande, identidem cogitanti de duabus rudimentorum juris prælectionibus nuper à Rege prudentissimè institutis (quarum fructum paucorum mensium, ut spero, periculum declarabit), venit in mentem fore juventuti perutile, si hæ duæ prælectiones, neque multas neque longas ferias habeant, sed penè sine intermissione doceant. Diem Dominicum et Jovis excipio, aut si ejus loco dies festus in hebdomadem inciderit. Ex aliis autem longioribus feriis, ut Nativitatis, Paschalis, Pentecostes, Sacramenti, messium, vindemiarum, non nullæ tollantur, non nullæ vero minuantur, et ad summum si eâ assiduitate isti elementorum interpretes doceant, quâ professores collegii trilinguis et cæsarei professores, matutinus præsertim in theologiâ. Nam feriæ et longæ et frequentes, quæ hìc sunt in facultate utriusque juris et medicinæ, nimium inutiles fore videntur, iis quidem qui discunt rudimenta, tùm quod ea lectionum intermissio efficiat ut pauciora audiant et in rudimentis diutiùs hæreant, tùm quod juventutis adhuc rudis studia remittantur et flaccescant, per longas et crebras interpellationes, atque adeò redeuntibus post ferias prælectionibus, juvenes præcedentium magnâ ex parte sint obliti. Ut nihil dubitem quin multo incitatiora ardentioraque futura sint juventutis studia , si rudimentorum interpretes sine intermissione docuerint. In cæteris professoribus non est idem periculum , neque assiduitatis idem operæ pretium. Nàm qui positis rudimentis eos audiunt, quibus diebus non legitur ordinariè, vel per se student, vel disputando se exercent , vel si quid in feriis longioribus utiliter extra ordinem enarretur, id cum fructu audiunt. Quibus opportunitatibus destituuntur qui tirocinium faciunt et adhuc rudimenta ponunt , quos et uno tractu expedit erudiri , et dum rudimenta perdiderunt aliis prælectionibus minimè distrahi utile est. Cum autem istæ publicæ prælectiones rudimentorum non efficiunt , ne juventus privatas prælectiones desideret, nisi continuæ fuerint ; nàm qui privatim docent, assiduè docent. Quod cum ita sit, mi Domine , etsi otium et feriæ mihi pergratæ esse debent, si privatorum meorum studiorum et rei familiaris rationem habere velim, tamen ad acuenda et incitanda juventutis studia , et ut rei publicæ bonam operam navem, in eâ provinciâ quam Deus optimus maximusque per te mihi mandavit, non recusaverim plus oneris sustinere et continuum docendi laborem subire, si mihi imponeretur. Sed ultrò et injussus si id facerem, in multorum reprehensiones atque non immerito fortassis, meum factum incurreret ; atque ideò, mi Domine, obsecro te, ne quisquam intelligat me ad te hac de re verbum ullum. Quod ad meum collegum attinet, etsi ejus animum planè perspectum non habeo, nisi tamen admodum fallor, non gravatè idem onus sibi imponi pateretur. Nolim autem existimes, mi Domine, hæc proptereà a me scribi, quasi desperem me Institutiones civiles anno vertente finiturum, si consuetas ferias habuero. Nam per Dei gratiam confido me id facturum neque adeò difficilè et utiliter etiàm, quamquam pro annuarum lectionum numero et temporis quod mihi conceditur magnitudine, constituere debeam mihi meæ interpretationis modum. Quod si diminuis feriis, nimium temporis habiturus tibi videor, ad enarrandas Institutiones breviter et contractè, eoque modo quo juventuti primùm eas explanandas esse judicas, posset quot annis Institutionibus decursis ad finem anni aliquid adjici auctarii loco, quod etiàm ad elementa pertinet, putà brevis explicatio tituli de Regulis juris aut de verborum significatione.

Hæc ad te scribere volui, Domine observande, dum adhuc integra res est, et antequàm juvenes re ipsâ videant nos easdem ferias nobis sumere, quam habent alii professores. Postridie Ascensionis Domini eramus auspicaturi, nisi eo ipso tempore mihi obeunda essent peregrè negotia privata quidem, sed magni momenti quæque nullam procrastinationem admittunt. Enimverò ne hoc sit fraudi juventuti studiosæ, decrevimus statim post Pentecosten incipere et sine intermissione usque ad ferias messium docere, cùm tamen alioqui toto fere eo tempore fuerimus cum aliis feriaturi. Itaque jacturam paucarum prælectionum magno cum fervore sarciemus, et ex morâ usuras longe plus quam centesimas persolvemus. Ego puto me isthuc vocandum pridie aut postridie Ascensionis Domini, quo tempore salutabo te per occasionem, Deo volente, ut si quod sit, quod hac de re mihi significatum velis, id ex te cognoscam. Lovanii, x kalendas junii 1557.

Tuus ex animo tibique deditissimus,
Joannes Venduillius.

F

LETTRE DE JEAN VENDEVILLE

A MOULLART, ABBÉ DE SAINT-GHISLAIN.

Monsieur, j'ay esté bien esmerveillé d'entendre, ces jours passez, que les peuples des villes d'Artois, et signamment d'Arras, estoient tant esmeus et altérez, et d'entendre plusieurs très mauvaises, voire pernicieuses, impressions que a ledit peuple. Si comme que Son Alteze (Don Jean d'Autriche) n'entend licencier les Allemans, ains se en servir, et que les deniers que l'on veult lever ne sont pour les licencier et faire sortir du pays, ains pour faire la guerre au prince d'Orenge, et aultres très mauvaises et faulses impressions, comme j'ay entendu, ces jours passez, de quelque personnage notable, lequel le povoit bien sçavoir, et depuis de

quelque mien amy d'Arras. Et ayant beaucoup conversé avecq
l'un et l'aultre, me tiengs pour asseuré que tous cecy procède
des ruses et machinations du prince d'Orenge et de ses ministres
et favoris qu'il a de tous costez, taschant de nourrir et augmenter
les troubles de ces pays et empescher l'assemblée des estats généraulx. Sy ai esté fort contristé de la response faite avant hier
par lesdites villes et l'assemblée des estats d'Artois, conformes
aux dites impressions, laquelle j'ay entendu certainement d'ung
fort homme de bien, ayant esté à ladite assemblée, bien enten-
dant que, à raison de ceste nouvelle difficulté survenue et joincte
aux autres, il y a très grand dangyer de merveilleux inconvéniens, n'est que le Seigneur Dieu n'ayt derechef pitié de
nous (dont il y a bien matière de le prier et faire prier), et
que l'on meisne ceste affaire doulcement et sagement; car si
les aultres estatz et Son Altèse veulent user d'autorité et cons-
trainte, et partant se viennent encore les cœurs dudict peuple
à exulcérer de plus en plus, sans faulte, il y a très grand
dangyer de merveilleux inconvéniens, voire tendans à la ruine
du pays ainsy divisé, d'aultant plus que le pays d'Artois est
frontière, et que peut être, audict cas, le peuple d'Artois seroit
facilement incité à se joindre aux François, ou du moins, à
demander du secours au ducq d'Alenchon. Pour y remédier doulcement et eschiver les dangiers qui, aultrement, polroient facilement advenir, il semble qu'il seroit fort expédient que Son
Altèze et les aultres estatz advissassent bientost quelque aultre
moïen prompt pour trouver les deniers qui se debvront pres-
tement païer aux Allemans, comme de trois ou quatre mois de
gage (qui ne seroit grande somme), soit par forme de prest
ou aultrement, et que, ce fait, les Allemans soient incontinent
licentiez et renvoyez par Son Altèze, pour démonstrer par effect
audict peuple que les impressions que l'on lui a baillé, sont faulses
et pernicieuses, et que Son Altèze, tant en ce poinct qu'en tous
aultres, veult procéder en toute syncérité. Et pour oster crédit
à ceulx qui mettent teles choses en avant, et pour aultant qu'il
semble que lesdicts états ne veulent contribuer aulcune chose,
ny par les moïens à eulx proposez ny par aultres, que lesdicts
Allemans ne soient préalablement hors du pays, il semble que
Son Altèse feroit bien, en supportant leur infirmité, et pour
obvier aux grands inconvéniens, de, au nom de Sa Majesté,

advancher, ce à quoy porteroit la quote d'Artois, ou au moins la quote des villes d'Artois, soubz confidence de les ravoir, après que les Allemans seroient hors du pays, ou que Son Altèze emploiast en ce une bonne partie des xxx ducatz par elle offertz libéralement aux estatz pour son contingent de la capitation, soubz confidence que les villes d'Artois les renderont à Son Altèze ou aux estatz, après que les Allemans seroient partys, comme dict est. Et quant au surplus de ce que sera trouvé estre deu aus dicts Allemans après avoir compté et descompté avecq eulx, et dont on averoit atermination, tous les estats polroient adviser provisionnèlement et meurement, par bonne intelligence mutuèle, en l'assemblée des estatz généraulx et de la capitation (dont ceulx d'Artois sont tant abhoressans), les plus convenables et les plus équitables que l'on polroit trouver, au contentement de toutes les provinces, fût de lever encoires une contribution, laquelle semble a plusieurs ung moïen doulx et prompt pour trouver grands deniers, ou en promettant à chascune province de trouver sa quote des deniers nécessaires, par tel moïen que elle jugera estre le plus équitable et le plus practiquable en sa province, pourveu, toutefois, comme a esté fait cy-devant, que elle ne prenderoit moyen, lequel vînt rejetter une partie de ladicte contribution sur quelque aultre province du Pays-Bas, et aussi que la quote de Brabant fût diminuée eu regard aux grands dommaiges et foulles que ladite province a supporté. Monsieur, attendu que le prince d'Orenge et ses ministres (comme nous voyons de plus en plus) taschent par tous moïens à tèlement troubler les affaires, que l'on ne les puist desmeller, maintenant troublant une province, maintenant l'aultre, maintenant quelques nobles, les mettant en diffidence et aultrement, et que par ces practiques le dangyer de merveilleux incovéniens s'augmente fort, il m'est advis de plus en plus qu'il seroit merveilleusement expédient que Sa Majesté tasche, au plus tost que faire se polra, de faire une bonne ligue avecq le roy de France, tèle ou en substance que je disoys dernièrement à votre paternité, et que je lui ai baillé par escript, mesmes en y comprendant le ducq d'Alenchon, sy faire se peult, parceque ladite ligue seroit un remède singulier et compendieux pour obvier à tous les inconvéniens imminens, et pour rompre tous les desseings du prince d'Orenge et des estatz de Hollande et de Zeelande, et les faire bien dompter, et augmenteroit ce la fort l'autorité de Son Altèze en toutes les personnes du Pays-Bas, et adouciroit fort ceulx d'Artois, et davantage feroit que, en l'assemblée des estatz généraulx, ledit prince et estatz de Hollande et Zcelande parleroient tout aultrement qu'ilz ne feroient, n'estant ladite ligue faite : qui sont très grandes utilitez. Que si le roy de France ne voloit entrer en la dite ligue, ce seroit ung très grand argument qu'il ne a bonne intention, comme je disoys dernièrement, et partant seroit, audit cas, très expédient que Son Altèze taschât à diligence de s'accorder avecq lesdits prince et estatz de Hollande et Zcelande, eut moins mal que faire se polroit, et en leur accordant plus que elle ne eust fait autrement. Il est d'aultant plus expédient que Sa Majesté tasche bientost à faire ladite ligue, parceque, si le roy de France prospère tèlement qu'il viengne au dessus des Huguenots, ou qu'il s'appoincte avecq eulx, comme polroit fort facilement advenir, il ne vouldra entendre à ladite ligue. Par quoy, Monsieur, je vous prie bien fort de voloir parler de ceste affaire à M. d'Escovodo, si ne l'avez encoires faict, et ce, sans me nommer, parceque peult-estre la chose polraestre du plus grand fruict si je n'estois nommé, si Votre Paternité luy en a parlé, elle polra adviser s'il ne seroit bon lui en rafreschir la mémoire et toucher encoires ung petit mot, veu que les dangyers s'augmentent fort, et partant convient contreminer en toute diligence, et ne poinct permettre que nos adversaires soient plus vigilans et plus diligens que nous. A tant, Monsieur, je me recommande très humblement à Vostre Paternité, priant Dieu qu'il vous doyne sa saincte grace.   De Douay, ce 14 juillet 1577.

Ce porteur est homme de cognoissance, bourgeois de Douay, et retourne. Je serois bien joyeulx de recepvoir ung mot de réponse de Vostre Paternité, ou du moins advertence que ceste vous a esté délivrée. Monsieur, l'accroissement des dangyers et le grand désir que j'ay de veoir ces Pays-Bas en repos et tranquillité, et que, ce faict, l'honneur de Dieu et le salut des âmes y puissent estre mieulx advancez, m'ont esmeu d'escripre encoires ceste fois à Vostre Paternité ce que me estoit venu au-devant, après y avoir eu pensé assez diligemment, espérant que je n'escripveray plus à l'avenir de tèles choses.

Vostre très humble et très affectionné serviteur,
JEHAN DE VENDUILLE.

G

LITTERÆ SANCTI FRANCISCI SALESII

AD R. P. LEONARDUM LESSIUM.

Admodum, reverende in Christo pater, attulit mihi Paternitatis Vestræ litteras dilectissimus nobis magister Gabriel, quæ ut perhonorificæ, ità et jucundissimæ mihi fuerunt. Amabam jampridem imò etiàm venerabar te nomenque tuum, mi pater, non solum quia soleo quidquid ex vestrâ illâ societate procedit, magnifacere, sed etiam quià sigillatim de vestrâ reverentiâ multa audivi præclara primum, deindè vidi, inspexi et suspexi.

Vidi namque ante aliquot annos opus illud utilissimum : *De justitiâ et jure*, in quo et breviter simul et luculenter, difficultates illius partis theologiæ, præ ceteris auctoribus quos viderim, egregiè solvis.

Vidi postea consilium quod a magni consilii Angelo per te mortalibus datum est, *de verâ religione eligendâ*.

Ac demum obitur in bibliothecâ collegii Lugdunensis, *Tractatum de predestinatione;* et quamvis non nisi sparsim, ut fit, oculos in eum injicere contigerit, cognovi tamen Paternitatem Vestram sententiam illam, antiquitate, suavitate, ac scripturarum nativâ auctoritate nobilissimam *de predestinatione ad gloriam post prævisa merita*, amplecti et tueri; quod mihi gratissimum fuit, qui nimirum eam semper, ut Dei misericordiæ tam ac gratiæ magis consentaneam, veriorem ac amabiliorem existimavi; quod etiam tantisper in libello *de amore Dei* indicavi.

Cum igitur ita erga Paternitatis Vestræ merita, quam dudum laudaverant apud me opera ejus, effectus essem, mirificè profecto gavisus sum, me tibi vicissim utcumque etiam carum esse; quod ut semper contingat, et dictum magistrum Gabrielem commendatissimum habebo; et si quid unquàm potero quod tibi placere cognoscam, id exequar quàm impensissimè.

Valeat interim reverenda Paternitas Tua , et *te Deus usque in senectam et senium* nunquam derelinquat , sed canos tuos benedictionibus cœlestibus ornet et compleat. Admodum reverendæ Paternitatis Vestræ humillimus et addictissimus frater et servus in Christo.

NOTICE

SUR

ÉLEUTHÈRE DU PONT

de la Compagnie de Jésus

CONFESSEUR DE JEAN VENDEVILLE

AUTEURS CONSULTÉS.

D'Oultreman. *Tableaux des personnages signalés de la compagnie de Jésus*, p. 297. — *Histoire de la ville et du comté de Valenciennes*, part. iii, chap. xi.

Nadasi. *Annus dierum memorabilium.* — 31 januarii.

Idem. *Piæ Occupationes morientium in Soc. J.*, c. xxvi, n. 4.

Orlandin. *Hist. Soc. J.*, p. 1, liv. xi, n. 47, liv. xvi, n. 14-16.

Sacchini. id., p. 2, l. v, n. 189, l. vii, n. 55, l. viii, n. 94, p. 5, l. iii, n. 88.

Jouvenci. id., p. 5, l. xv, n. 5, l. xxv, n. 18.

Buzelin. *Gallo-Flandria sacra et profana*, p. 39. — *Annal. Gallo-Fland.*, l. xii, p. 617.

Legroux. *Summa statutorum synodalium cum Synopsi vitæ episcoporum Tornacensium*, p. cxcv.

Hoverlant. *Essai chronologique pour servir à l'histoire de Tournai*, t. XXIX, supplément, p. 172, 173.

Patrignani. *Menol*, 31 jan., p. 300. — *Annuæ Soc. J.*, 1607, p. 389 et 611.

Alberti. *Hist. Sicil.*, c, ix.

Aquillera. *Prov. Siculæ ortus et progressus*, t. 1, p. 126.

Damiani. *Synopsis 1 sæc. Soc. J.*, p. 220.

Malapert. *Oper. poet.*, p. 133.

Acta S. Ignatii, comm. præv., n. 887, n. 930.

LE P. ÉLEUTHÈRE DU PONT

Le P. Eleuthère du Pont naquit à Lille le 27 octobre 1527 : son père exerçait la médecine. Doué d'une mémoire heureuse et d'un grand goût pour les lettres, le jeune Eleuthère s'appliqua d'abord à la lecture des poëtes et des orateurs de l'antiquité. Les œuvres de Virgile faisaient surtout ses délices, et dans sa vieillesse il lui arrivait quelquefois d'en réciter encore des livres entiers. Après avoir terminé sa philosophie, il s'adonna pendant quelque temps à l'étude de la médecine, dans l'intention sans doute de suivre un jour la même carrière que son père. Mais bientôt dégoûté du monde, il demanda à être reçu dans la Compagnie de Jésus, et entra au noviciat de Paris le 9 avril 1550. Les Jésuites, protégés par le cardinal de Guise, y avaient un collége. C'est dans le courant de cette même année qu'Éleuthère prit à l'université de Paris le grade de maître ès arts. Il ne séjourna qu'un an dans cette capitale. Les troubles qui survinrent, les contrariétés sans nombre suscitées aux Pères de la Compagnie, et par suite la gêne où ils se trouvaient, les contraignirent à disperser leurs novices. Éleuthère du Pont fut envoyé à Rome, en compagnie d'Éverard Mercurian, qui devint plus tard général de son ordre, et d'Adrien Candidus, dont le vrai nom latinisé était De Witte : « C'était un homme de grande sainteté et doctrine, mais maladif, » dit le P. Eleuthère du Pont dans ses *Mémoires* [1]. Il était né à Anvers, et fut envoyé en 1554 par saint Ignace, à Tournai, avec le P. Quentin Charlart et le P. Pierre Adrianus, « comme il paraît par les patentes du bienheureux Père Ignace, qui pour être souscriptes de sa main et de son nom se gardent avec grande dévotion au collége d'Arras, enchâssées bien richement [2]. » Ces jeunes gens furent bientôt suivis d'Olivier Manare, qui, Belge comme eux d'origine, se rendit célèbre par l'hé-

---

[1] Ces Mémoires contiennent, outre la vie de Bernard Olivier et de Quentin Charlart, des détails sur plusieurs autres personnages et aussi sur les mœurs du temps. Le P. Pruvost, de la compagnie de Jésus, en a tiré la grande partie de ses notices sur le P. Bernard Olivier, Gilles de Berghes, et Baudouin de Lannoy. M. Duprez de Tournai possède une copie de ces Mémoires, écrite au xviii⁰ siècle.

[2] En 1552, Adrien de Witte fut envoyé par saint Ignace à Modène, pour y professer dans le collége qui venait d'être donné à la Compagnie. De retour en Belgique vers 1554, il ne resta que peu de temps à Tournai ; il se rendit à Louvain, où la Compagnie n'avait encore ni collége ni résidence, et s'y appliqua à la prédication et au ministère de la confession. Il prêchait habituellement dans les églises de Saint-Pierre et de Saint-Michel. Il mourut dans cette même ville de Louvain en 1558, et fut inhumé dans le monastère de Sainte-Claire. On a de lui un livre qui a pour titre : *Trajectus in cœlum, seu Spirituale Jucundum Monasteriolum.* Comme il ne courait que des copies fort incorrectes de cet ouvrage, le P. Adrianus Adriani le retoucha et le publia à Louvain, douze ans après la mort de l'auteur.

roïsme de ses vertus et les charges importantes qu'il remplit avec succès dans la Compagnie.

Ainsi entrait-il dans les vues de la Providence, dit le P. Orlandin, que les pays étrangers reçussent les prémices du zèle et du saint dévouement de ces hommes qui devaient tant travailler à la gloire de Dieu, pour les renvoyer ensuite dans leur patrie avec toute l'autorité que leur donneraient la réputation de leur sainte vie et les prodigieux succès qui déjà dans d'autres contrées avaient couronné leurs efforts.

Eleuthère du Pont termina son noviciat à Rome sous les yeux de saint Ignace, et il profita si bien des exemples et des leçons de ce grand maître, que jusqu'à la fin de sa vie, il fut considéré par tous comme une copie vivante de ce saint fondateur. Douze ans après la mort du P. Eleuthère, le P. d'Oultreman, parlant de lui, pouvait dire sans être contredit par personne : « La divine Providence a encore réservé jusqu'à nos jours le P. Eleuthère, afin de nous faire voir en lui un portrait des anciens Pères et premiers piliers de la Compagnie, et un vrai disciple de saint Ignace, avec lequel il a vécu quelque temps, et appris de lui mille beaux exemples de vertu qu'il a pratiqués et continués jusqu'à notre temps. »

Son noviciat terminé, le P. Eleuthère fut appliqué à l'étude de la théologie, reçut les saints ordres et fut admis à la prêtrise.

La Compagnie allait toujours s'étendant en Italie et en Sicile. Au commencement de 1556, Catane lui ouvrait ses portes et la suppliait de se charger de l'éducation de sa jeunesse : depuis trois ans, un collége était en exercice à Bivone et donnait les plus belles espérances. Il avait été fondé par Isabelle de Vega, fille du vice-roi, et femme de Pierre de Lune, seigneur de la cité. Cette princesse aimait à répéter que le collége de Bivone était sa famille, et que comme un père opulent s'applique à faire vivre dans une grande aisance les héritiers de son nom et de sa fortune, ainsi elle voulait que ce collége fût abondamment pourvu de tout ce qui pouvait contribuer à sa prospérité. Elle aurait tenu sa parole, et le collége de Bivone, au moyen de ses largesses, fût devenu un des plus magnifiques de toute la Sicile, si elle eût vécu plus longtemps. Mais Isabelle vint à mourir, et la ville de Bivone ne se composait que de deux mille familles, qui vivaient pauvrement dans un pays peu fertile, sans culture et sans commerce. Après la mort de cette princesse, le collége, privé de tout appui, se trouva donc dans un état fort précaire et dénué de toute ressource. Cependant aux Pères qui s'y trouvaient déjà, on en adjoignit neuf autres, parmi lesquels le P. Eleuthère du Pont, qui en fut établi recteur. Ils furent reçus par les habitants comme des anges descendus du ciel pour ranimer parmi eux l'antique foi et les secourir dans leurs besoins. En effet, ces pauvres gens recoururent aux Jésuites comme à des pères dans toutes leurs difficultés et toutes leurs peines. Mais leur affection s'arrêta surtout sur Eleuthère du Pont : son air grave et affable, son extérieur où res- pirait cette modestie apostolique dont saint Ignace faisait un si grand cas et dont il a tracé les règles avec tant de justesse, tout enfin dans la personne d'Eleuthère contribuait à le faire regarder comme un homme puissant auprès de Dieu, un véritable saint à qui le Seigneur ne devait rien refuser, et auprès duquel il suffisait d'intercéder pour obtenir. Un fait assez singulier ne servit qu'à fortifier encore cette persuasion des habitants de Bivone : laissons parler le P. d'Oultreman. « Une femme étoit en travail d'enfant, passé deux jours, si qu'elle ne s'attendoit plus que de mourir et de servir de tombeau à son petit. Les bourgeois accourent au P. Éleuthère, comme ils avoient coutume de faire en toutes leurs nécessités, et le prient de secourir cette pauvre femme. Le Père alléguoit qu'il n'étoit pas faiseur de miracles; vaincu toutefois par leur importunité, il leur donna de l'eau bénite, et leur commanda d'en arroser le front, la poitrine et le ventre de l'affligée ; ce qu'ils n'eurent pas plus tost fait, qu'elle se délivra heureusement de son fruit. » Le P. Éleuthère du Pont eut beau attribuer cette guérison à la vivacité de leur foi et à la vertu de l'eau bénite, les bons habitants de Bivone s'obstinèrent, et peut-être avec raison, à y voir la puissance de la sainteté et des mérites du serviteur de Dieu. Quoi qu'il en soit, le P. du Pont profita des excellentes dispositions de ce peuple pour le rappeler à une vie chrétienne et pour exterminer les désordres et les abus qui régnaient dans cette petite ville. Ses efforts et ceux de ses compagnons furent bénis de Dieu. Bientôt on vit disparaître les jeux de hasard, auxquels cette population était tellement adonnée, que, surtout les dimanches et les jours de fête, on ne rencontrait partout que des cercles et des réunions où l'on s'y livrait avec fureur. Il existait aussi une coutume empruntée des Sarrasins : au décès d'un parent, on restait quelquefois renfermé pendant plus d'une année entière dans un lieu obscur, pour pleurer le mort

et l'apaiser, je ne sais par quelles pratiques superstitieuses.
Cette coutume fut entièrement abolie : les amusements du
carnaval devinrent décents, la tempérance fut remise en
honneur, et si, entraîné par la force de l'ancienne habitude, quelqu'un tombait dans une faute de cette nature,
il évitait la rencontre du Père, plus par la crainte de le
contrister que par celle d'essuyer son reproche. Partout
on vit des haines invétérées se calmer à la voix d'Éleuthère,
et des familles depuis longtemps ennemies se pardonner
sincèrement leurs torts réciproques.

Le P. du Pont s'appliqua surtout à donner par lui-
même et par les siens tous les secours spirituels aux
malades dans les hôpitaux et aux malheureux détenus
dans les prisons publiques. Son zèle s'attacha particulièrement à ceux qui étaient condamnés au dernier supplice,
et cet exemple de charité produisit un effet très-salutaire.
Car il s'était répandu dans le pays un préjugé désolant
qui faisait regarder comme infâmes ceux qui avaient
quelques rapports avec de tels hommes. On s'imaginait
qu'on ne pouvait approcher ces grands coupables sans
encourir la malédiction du Ciel, de manière que ces
malheureux ne trouvaient point un prêtre qui consentît
à les consoler à leurs derniers moments et à les préparer
au terrible passage. Mais lorsqu'on vit le saint homme et
ses compagnons remplir ce ministère avec empressement
et convertir souvent à cette heure suprême des malheureux dont toute la vie n'avait été qu'un tissu de crimes,
ce préjugé disparut, et les autres ecclésiastiques imitèrent
l'exemple des Pères.

D'un autre côté le collége dirigé par les soins d'Éleuthère, dont le dévoûment s'étendait à tout, devint chaque jour plus florissant. Attirée par la haute réputation de la vertu et du savoir des professeurs, la jeunesse accourait à Bivone, de Siacca, de Girgenti, de Burgio, de Palazzo-Adriano et de toutes les villes voisines, pour assister aux classes tenues par les Pères. Toujours fidèles aux leçons de profonde humilité qu'il avait reçues de saint Ignace, Eleuthère du Pont confia à ses compagnons la direction des cours plus élevés : pour lui, bien qu'il fût recteur, il se chargea d'enseigner et d'instruire les petits enfants, et en même temps qu'il gouvernait le collége et la maison de Bivone, on le vit tenir la dernière classe de grammaire. Il consacra aussi quelques-uns de ses rares loisirs à mettre en vers la doctrine chrétienne, et bientôt le chant de ces vers pieux et instructifs fit disparaître de la ville et des campagnes les mauvais couplets et les chansons obscènes.

Tout réussissait au gré des saints désirs de l'homme de Dieu : mais parce que le propre de la vertu est de s'épurer au feu des tribulations et de se fortifier dans les épreuves, bientôt le Seigneur envoya de lourdes et rudes croix à son serviteur. Les Pères quittèrent la maison qu'ils avaient habitée jusque-là et qu'ils avaient prise à loyer, pour venir s'installer dans les bâtiments du nouveau collége. Hélas ! soit que l'on se fût trop hâté de loger dans des constructions nouvellement terminées, soit que le ciel de Bivone fût contraire à la santé des Pères, de douze qu'ils étaient cinq moururent en peu de temps.

Vers la fin de l'année, ou peut-être au commencement

de l'année suivante (1557), le P. Eleuthère du Pont quitta
Bivone, et il nous apprend lui-même à quelle occasion.
M. de Brœdam, chanoine de Tournai [1], secondé de
M. de Croix, avait traité avec le P. Everard Mercurian
de la fondation d'un collége à Tournai, et saint Ignace
avait jeté les yeux sur le P. Eleuthère pour lui en confier la direction. Mais saint Ignace vint à mourir. Everard
Mercurian fut obligé de venir à Rome pour l'élection du
nouveau général. Sur ces entrefaites M. de Brœdam lui-
même passa à une vie meilleure, et tous les plans pro-
jetés pour l'élection d'un nouveau collége furent rompus.
Le P. Éleuthère demeura à Rome jusqu'en 1661, et
profita de ce séjour pour suivre les leçons de théologie
des PP. Ledesma et Villaméda, et se préparer aux thèses
qu'il soutint pour prendre le degré de docteur.

Ce fut dans ce même temps que le cardinal de Tournon
offrit à la Compagnie le magnifique collége qu'il avait
fait construire à Tournon, et qui fut accepté par le P. Jean-
Baptiste Viola au nom du P. Lainez, général de la Compagnie. Le cardinal désirait, pour la conduite de cette
maison, des hommes expérimentés et du premier mérite :
l'état où se trouvait le pays et les difficultés de l'époque
exigeaient un pareil choix. On y envoya le célèbre
P. Edmond Auger [1], que l'on fit revenir de Pamiers; et
de Rome partirent, pour la même destination, six prêtres

---

[1] Ce Pierre Brœdam, chanoine de Tournai, étoit gentilhomme de la maison
de Bourgogne et protonotaire apostolique : les membres de sa famille étoient
seigneurs de Baudoux et de plusieurs lieux circonvoisins, ce qui avoit établi
une plus étroite familiarité entre les premiers pères qui évangélisèrent le Tour-
naisis et le dict chanoine de Brœdam.   (*Note du P. Eleuthère.*)

[1] Il est quelquefois appelé Emond, mais plus communément Edmond.

d'une science éprouvée, quelques religieux scholastiques
qui n'étaient pas encore dans les ordres, et notre
P. Eleuthère du Pont. Il était, comme nous l'avons déjà
dit, maître ès arts de l'université de Paris; il avait pris
à Rome le degré de docteur, et par la manière brillante
dont il avait soutenu ses thèses, il avait donné des
preuves incontestables de ses connaissances profondes en
philosophie et en théologie. Ainsi sa science, ses vertus,
sa vie exemplaire en tout point si conforme à l'esprit de
l'Institut, l'avaient désigné au choix du Père général, qui
lui confia la direction de ce nouveau collège. Edmond
Auger et Jean-Baptiste Viola prirent possession de l'établissement le jour de l'Invention de la sainte Croix; les
autres Pères arrivèrent vers la fête de saint Jean-Baptiste,
et aussitôt on organisa les classes. Edmond Auger fut
chargé du cours de théologie et de controverse; Antoine
Trancosus, qui peu de temps après quitta la Compagnie,
enseigna la physique et la métaphysique; Claude Matthieu
la logique; Jacques Sylvestre les mathématiques; Éleuthère du Pont avait la haute main sur tout le collège,
et comme à Bivone, il se réserva les classes inférieures.
Mais il en coûtait à son humilité d'avoir à commander
à des hommes d'une capacité aussi grande et d'une vertu
aussi parfaite; il se jugeait indigne d'une pareille charge,
et il supplia tant le P. Lainez d'avoir pitié de sa faiblesse
et de le délivrer de la supériorité, que ce dernier finit
enfin par prendre en considération ses vives instances.
Il chargea du rectorat de Tournon le P. Edmond Auger,
homme d'une éloquence rare, d'une prudence consommée,
célèbre dans tout le pays par ses nombreux triomphes sur

les hérétiques ; et le P. Eleuthère, ayant repassé les Alpes, fut envoyé en Sicile au collége de Montréal. Il n'y jouit pas longtemps de l'obscurité qu'il avait tant sollicitée ; car deux ans après, il reçut l'ordre de retourner dans les Pays-Bas et de prendre la direction du collége de Cambrai, dont la fondation date de cette année 1563. Le P. Eleuthère était véritablement humble, et il savait que l'obéissance aveugle n'est autre chose que l'humilité en action. Il vit la volonté de Dieu dans cette nouvelle décision de son supérieur, et sans écouter ses répugnances pour un emploi qui l'élevait encore au-dessus des autres, sans se permettre aucune observation, il se rendit à son nouveau poste.

Maximilien de Berghes, archevêque de Cambrai, s'était rendu de Paris à Trente, en compagnie du P. Lainez, et l'avait ardemment supplié de lui accorder quelques-uns de ses Pères, qui pussent faire dans son vaste diocèse le même bien qu'ils opéraient ailleurs. Il lui avait représenté les besoins particuliers de ce pays, et il ne se trouvait à Cambrai aucun ordre religieux qui pût répondre à sa sollicitude pastorale, en venant au secours de tant d'âmes qui se perdaient, faute d'ouvriers capables de travailler efficacement à leur salut. Le P. Lainez n'avait pu donner alors que des promesses ; il parvint enfin à les remplir. Le P. Eleuthère du Pont arriva à Cambrai dans le courant de mars avec dix compagnons, et les classes s'ouvrirent au commencement de mai. L'archevêque avait assigné une rente de cinq cents florins pour l'entretien des religieux, et il se montra pour eux un véritable père. Les Jésuites de leur côté ne négligèrent rien pour répondre à son

attente : on les voyait, animés par l'exemple de leur pieux
recteur, parcourir les campagnes, et voler partout où se
trouvait quelque pécheur à convertir, quelque hérétique à
confondre, quelque bien à opérer. Maximilien de Berghes
était si bienveillant pour eux, il prenait un tel soin de
leur santé, qu'il eut été impossible à une mère de pousser
plus loin son attention et ses prévenances. Lorsqu'ils étaient
appelés dans quelques villages plus éloignés, l'archevêque
ne voulait pas qu'ils fissent le voyage à pieds : il les avait
obligés à prendre toujours un de ses chevaux. Leur reconnaissance pour une sollicitude si touchante donnait encore
plus d'élan à leur zèle. Mais l'archevêque était surtout
frappé de l'éminente sainteté du P. Eleuthère : il recher-
chait ses entretiens, et il aimait à se conduire d'après
ses conseils. On le vit bientôt, persuadé par les avis du
P. du Pont, diminuer le train de sa maison, prendre une
façon de vivre plus simple et plus mortifié, et offrir chaque
jour le saint sacrifice.

Comme il arrive d'ordinaire, la guerre dont le pays
avait été le théâtre avait amené avec elle bien des désordres, et l'hérésie, qui aime toujours à profiter des troubles pour s'établir et assurer son triomphe, avait causé
de grands ravages dans la province. Le Cateau surtout
et les lieux circonvoisins se trouvaient dans un état déplorable : au lieu de cette population autrefois si bonne, si
religieuse, si soumise à Dieu et à son prince, on n'y rencontrait guère que des espèces de sauvages. L'autorité de
l'archevêque y était méconnue, et malgré les précieuses
qualités de l'esprit et du cœur qui distinguaient ce prélat,
il n'aurait pu y paraître sans s'exposer aux plus graves

dangers. Les Jésuites proposèrent d'y ouvrir une mission :
le prélat accepta leur offre avec bonheur, et le P. du Pont
voulut s'en charger lui-même.

Il partit donc pour le Cateau, et les religieux. bénédictins de Saint-André lui offrirent dans leur monastère
une généreuse hospitalité. Leur foi n'avait reçu aucune
atteinte, et leur vie était aussi régulière que pouvaient
le permettre les malheurs du temps et les alarmes continuelles au milieu desquelles ils vivaient : mais ils avaient
besoin d'être soutenus, consolés, fortifiés même, contre
les épreuves cruelles qui se multipliaient chaque jour. Le
P. du Pont leur parla des Exercices de saint Ignace; ils
exprimèrent le désir de s'y appliquer sous sa conduite,
et le Père, touché de leur volonté généreuse et de l'amour
qu'ils témoignaient tous pour leur avancement, consentit
sans peine à leur consacrer les prémices de son zèle. Par
la méditation qu'il leur apprit à faire selon les différentes
méthodes de la Compagnie, par ses entretiens particuliers,
par ses discours publics, il les retrempa dans l'esprit de
leur vocation, et il excita en eux un si grand zèle pour
leur sanctification, qu'à l'époque des fêtes de Pàques, tous
voulurent faire à leur abbé une confession générale de
leur vie entière. Heureux d'un si consolant résultat,
celui-ci demanda au P. du Pont de l'instruire des moyens
qu'il avait à prendre pour conserver de si beaux fruits.
Il donna à ses religieux des avis proportionnés aux besoins
de chacun ; il réforma quelques usages moins conformes
à la perfection du cloître, et il établit que chaque dimanche
la communauté se réunirait pour entendre une instruction
domestique. Cette pieuse pratique, en rappelant aux moines

leurs obligations, devait infailliblement les aider à entretenir cette ferveur de l'esprit qu'aucun d'eux ne voulait plus laisser se ralentir ni s'éteindre. En effet, ce monastère se maintint jusqu'à l'époque de la révolution dans la régularité la plus parfaite, et en 1785 le P. Ghesquières rendait aux religieux de Saint-André ce glorieux témoignage, qu'ils s'adonnaient à l'étude des bonnes lettres avec ardeur, et qu'à une piété solide ils joignaient une affabilité exquise [1].

Le P. du Pont entreprit ensuite la conversion du peuple : il annonça des catéchismes et des instructions, développa les fondements de la foi chrétienne, confondit les sophismes mis en avant par les hérétiques pour surprendre et égarer les simples, et bientôt toute la ville changea entièrement de face. On vit cesser les rassemblements séditieux qui jour et nuit entretenaient le désordre et soufflaient la révolte. Les plus audacieux craignirent même de se montrer en public, et un très-grand nombre de ceux qui s'étaient laissé séduire par les idées nouvelles, revinrent sincèrement à la foi. Plus de cent hérétiques avoués abjurèrent l'erreur et rentrèrent dans le giron de l'Eglise. La confiance et le courage des catholiques se relevèrent; les mœurs de la population s'adoucirent; la civilisation reprit tous ses droits, et l'ordre se rétablit partout. Ces magnifiques résultats s'étendirent même sur les bourgs voisins : car de tous les côtés on accourait en troupe aux sermons du P. Eleuthère, et rien ne découragea plus les hérétiques obstinés et les principaux fauteurs de nouvelles erreurs

---

[1] Apprimè noscens bonarum illic litterarum studia vigere, solidamque pietatem cum officiosâ comitate connecti. (*Acta sanctorum Belgii*, t. III, p. 566.)

que l'affection du peuple pour ce saint homme. Il suffisait du nom du P. du Pont pour les remplir d'épouvante et les contenir dans l'ordre.

L'archevêque Maximilien de Berghes mourut en 1570 : son successeur, Louis de Berlaimont, hérita des sentiments d'estime et d'affection que son prédécesseur avait toujours témoignés aux Pères jésuites et plus particulièrement au P. Eleuthère du Pont, et ce fut lui qui consacra, le lundi de Pâques 28 avril 1576, leur première église : ils la devaient aux libéralités d'Antoine Quarré, chanoine de la métropole.

Cependant l'horizon s'assombrissait ; déjà les fauteurs des nouvelles idées étaient parvenus à soustraire Cambrai à l'autorité de son prince temporel, et il était impossible de présumer qu'ils y souffrissent longtemps les Jésuites. En effet, le baron d'Inchy désirait les voir bien loin ; mais il ne voulait pas les attaquer de front, craignant de provoquer le vif mécontentement de la bourgeoisie, qui leur était fort dévouée : il préféra, pour arriver à son but, essayer la ruse et la finesse. Il commença par leur susciter des tracasseries, et établit dans le collége une compagnie de cavaliers. Il espérait que les Pères, s'apercevant de la détermination où il était de les tourmenter et de les gêner dans leur manière de vivre, s'éloigneraient d'eux-mêmes et videraient la place. Il se trompa : le P. Eleuthère du Pont lui demanda une audience, et lui représenta avec modestie, que dans un pareil état de choses, les Pères ne pouvaient plus facilement continuer leurs cours, et qu'il était cependant impossible de les suspendre sans un grave détriment pour la jeunesse qui fréquentait le collége ; qu'au reste la présence des soldats dans une communauté religieuse était peu compatible avec l'ordre et le silence indispensables à ces sortes de maisons ; qu'il le suppliait d'y avoir égard. Le baron d'Inchy fit au P. du Pont une réponse polie mais évasive. Il laissa passer quelques jours, et envoya au Père un de ses gens, chargé de l'informer que la présence des Jésuites lui inspirait de graves inquiétudes ; qu'ils compromettaient le repos public ; que dans leur propre intérêt, il leur conseillait de se retirer, ne fut-ce que pour un temps : car la famine commençait déjà à faire sentir ses rigueurs, et s'ils ne suivaient pas ses avis, ils se trouveraient bientôt dans une grande détresse. Le P. du Pont remit à l'envoyé une lettre pour le baron d'Inchy : il lui répondait, en termes fort mesurés, que ses craintes pour la paix publique n'étaient nullement fondées, que jamais ni lui ni ses compagnons n'avaient rien fait qui pût la compromettre, et que grâce à Dieu, jamais à l'avenir il ne leur viendrait une idée pareille ; que quant à la détresse qu'il redoutait pour eux, ils le remerciaient tous du vif intérêt qu'il portait à la communauté, mais qu'ils étaient décidés à courir toutes les chances, et qu'ils n'avaient pas la prétention de vivre jamais dans une plus grande aisance que les autres citoyens dont ils partageraient toujours volontiers la mauvaise fortune ; qu'ils ne demandaient qu'une seule chose, c'était de pouvoir en paix remplir les devoirs de leur vocation. Le baron, à la lecture de cette lettre, entra dans une grande colère : « Ah ! s'écria-t-il, ils ne veulent point partir ; je saurai bien les forcer à venir me demander à genoux la faculté de se retirer. » Dès lors il convertit en écuries les classes du

collége; il excita les soldats à se montrer pleins d'insolence et à se porter à tous les excès. Ils manifestèrent
des exigences auxquelles les Pères ne pouvaient pas
céder; on n'entendit plus sortir de leur bouche que des
imprécations et des chants obscènes; ils se répandaient
partout, ils brisaient et gâtaient tout; ils allèrent jusqu'à
s'emparer des clefs de la maison et à y introduire toute
sorte de personnes. Eleuthère du Pont, voyant que c'était
un parti pris, ne voulut pas attendre que le baron d'Inchy
en vînt à la violence; il céda à l'orage et quitta Cambrai.
Il se retira, avec les siens, dans la ville de Douai, où ils
trouvèrent les Pères établis; mais ils ne logèrent pas chez
eux : le P. du Pont occupa avec ses religieux des bâtiments séparés du collége.

Chassé d'une maison qu'il avait formée et qui se trouvait
dans un état déjà prospère, arraché à une jeunesse de
laquelle il était singulièrement aimé, séparé de tant d'âmes
qui lui étaient chères et qui sous sa conduite travaillaient
résolument à devenir parfaites, le P. du Pont se soumit à
la volonté de Dieu sans avoir même la pensée d'un murmure; il savait trop bien par quelles voies la Providence
a coutume d'arriver à l'accomplissement de ses desseins.
Le vent d'orage secoue violemment l'arbuste, il dissipe
son feuillage et porte au loin sa graine; mais la graine
germe où elle tombe, et bientôt une terre qui était nue
s'étonne d'avoir produit un arbrisseau verdoyant qu'elle ne
connaissait pas et qui embaume les airs du parfum de ses
fleurs. Ainsi la persécution s'acharne contre l'œuvre de
Dieu, elle triomphe, elle paraît l'avoir anéantie; mais à
son insu et contre son gré, elle a été l'instrument du

Tout-Puissant ; c'est elle qui développe l'œuvre de Dieu et qui la propage.

Dès l'année 1565, Maximilien de Berghes, témoin des fruits consolants produits par les travaux des Pères jésuites à Cambrai et dans les environs, avait fait des efforts pour les établir à Valenciennes, « qui prenoit pied à la ruine, » dit d'Oultreman. Le magistrat, à la sollicitation de l'archevêque, avait offert aux Pères de la Compagnie le vieux collége de Standonck, appelé aussi l'école de M. Thomas, que l'on espérait joindre plus tard à l'habitation des *pauvres prêtres* et à quelques autres maisons du voisinage. Le P. Eleuthère avait été dès lors envoyé de Cambrai à Valenciennes pour juger de l'état des choses : mais il avait trouvé que ces bâtiments étaient dans de fort mauvaises conditions, et qu'il serait impossible de les réparer et de les approprier à l'usage que l'on en voulait faire, sans des frais énormes auxquels, selon toute apparence, le magistrat ne consèntirait jamais : il s'en était donc retourné sans rien conclure. Pendant le séjour forcé qu'il fit à Douai, il eut occasion de venir souvent à Valenciennes ; il y était fort goûté, et M. Jacques Froye, abbé d'Hasnon, chez lequel il logeait, l'engageait fréquemment à prêcher dans l'église de Notre-Dame-la-Grande. Or il arriva en ce temps-là que le comte de Lalain, grand-bailli et gouverneur du Hainaut et de Valenciennes, fit assembler le grand-conseil, afin d'aviser aux moyens de fortifier dans cette ville le parti catholique. Quelques-uns opinèrent qu'il serait expédient de rebâtir le château. Mais l'abbé d'Hasnon prétendit que la plus forte citadelle que l'on pût opposer aux huguenots était un collége de la Compagnie de Jésus : que pour saper l'hérésie dans ses fondements, il fallait assurer à la jeunesse une bonne et solide éducation. Il fortifia sa thèse par tant et de si solides raisons, que d'une voix unanime on décida que l'on supplierait le duc de Parme, gouverneur général du pays, de solliciter l'envoi de cinq ou six Pères jésuites dont le secours était indispensable. Le duc de Parme en écrivit au provincial le dernier jour de février de l'année 1581. Le P. Eleuthère était disponible ainsi que ses compagnons chassés comme lui de Cambrai : il fut envoyé de Douai avec quatre d'entre eux. Ils arrivèrent à Valenciennes le 10 avril de l'année suivante, et s'établirent dans un quartier de la prévoté de Notre-Dame. Le P. Bernard Olivier, qui fut depuis provincial, commença à prècher avec grand fruit dans l'église de Saint-Géry, et le P. du Pont dans celle de Notre-Dame-la-Grande : ils se livrèrent aussi avec beaucoup de zèle au ministère de la confession.

Mais le P. Eleuthère ne resta à Valenciennes que jusqu'à l'année suivante. Il entrait, paraît-il, dans sa vocation, d'être comme la pierre fondamentale de chaque nouvel établissement. Il avait en effet un talent particulier pour aplanir les difficultés souvent si nombreuses dans les premiers temps d'installation, une prudence consommée, une patience à toute épreuve, un grand esprit de conciliation, et ses vertus étaient telles, qu'il suffisait de le voir pour se sentir affectionné à la Compagnie dont il était membre. Nous l'avons vu premier recteur à Bivone, premier recteur à Tournon, premier recteur à Cambrai, premier recteur à Valenciennes. En 1583, la Compagnie ouvre une maison de noviciat à Tournai, et c'est encore sur le P. Eleuthère que l'on jette les yeux; il quitta Valenciennes pour en être le premier supérieur. Il fit un plus long séjour à Tournai que partout ailleurs; car nous l'y retrouvons encore le 17 juin 1607.

Les mémoires du temps ne parlent qu'avec admiration de la ferveur que le P. Eleuthère inspira à ses novices et de la sainte ardeur avec laquelle ces jeunes gens s'appliquaient à la pratique des vertus solides qui font l'homme vraiment apostolique, se servant des pieuses industries qui leur étaient suggérées par leur saint supérieur. Saint Ignace dit à ses religieux dans ses Constitutions : « Il faut que tous considèrent attentivement, comme un point de très-grande importance en la présence de notre Créateur et Seigneur, combien il est utile, pour s'avancer dans la vie spirituelle, d'avoir une aversion entière et sans réserve pour tout ce que le monde aime et embrasse ; et au contraire d'accepter et même de souhaiter de toutes ses forces tout ce que Jésus-Christ Notre-Seigneur a aimé et embrassé : car comme les gens du monde, qui sont attachés aux choses du siècle, aiment et recherchent avec beaucoup d'empressement les honneurs, la réputation et l'éclat parmi les hommes, ainsi que le monde le leur enseigne, de même ceux qui s'avancent dans la voie de l'esprit, et qui suivent sérieusement Jésus-Christ Notre-Seigneur, aiment et désirent avec ardeur tout ce qui est contraire au monde, savoir, de se revêtir de la robe et des livrées de leur Seigneur pour le respect et l'amour qu'ils lui portent : de sorte que si cela se pouvait faire sans aucune offense de Dieu et sans scandale du pro-

chain, ils voudraient souffrir des faux témoignages et
des injures, être regardés et traités comme des insensés
(sans toutefois en avoir donné le sujet), tant ils ont de
désir de se rendre semblables en quelque façon à notre
Créateur et Seigneur Jésus-Christ, et de prendre ses livrées,
puisque lui-même les a portées pour notre plus grand
avancement spirituel, et nous en a donné l'exemple, afin
qu'avec le secours de sa grâce nous tâchions de l'imiter
autant qu'il sera possible, et de le suivre en toutes choses,
puisqu'il est la voie véritable qui conduit les hommes à
la vie. » Cette règle que saint Ignace inculque si fortement aux siens et qu'il jugeait fondamentale pour les
hommes de sa compagnie, le P. Eleuthère la rappelait
souvent à ceux dont le soin lui était confié. Il avait un
talent merveilleux à la leur rendre aimable, en leur
montrant les fruits abondants que sa pratique produit dans
les âmes, et ces jeunes gens s'inspiraient de son esprit.
Il y avait parmi eux une sainte émulation à ambitionner
ce qui était humble et répugnant à la nature, et ils s'appliquaient à préférer, lorsque l'obéissance leur en laissait
le choix, à la gloire les opprobres, ce qui est obscur à
ce qui passe pour grand et estimable aux yeux des hommes.
Le frère du comte de Rassenghem s'était présenté pour
le noviciat, et il y avait été reçu. Lorsque le terme de
ce temps d'épreuve approcha, il demanda comme une
grâce de n'être admis dans la Compagnie qu'en qualité
de frère-coadjuteur. On lui fit observer qu'il avait déjà
quelque connaissance des lettres, et qu'après avoir achevé
ses études il pourrait servir Dieu et la Compagnie dans
un degré plus élevé. « La Compagnie, répondit-il, ne

manquera jamais d'hommes de talent pour remplir avec éclat ses plus hauts ministères; mais en voit-on beaucoup de mon rang et de ma condition se consacrer aux emplois les plus obscurs, foulant aux pieds tout faste et toute grandeur? je veux être un des premiers à entrer dans cette voie, et servir de chef à ceux qui voudront m'y suivre. » Il fut fait selon ses pieux désirs. Mais quels hommes devaient devenir un jour, des jeunes gens qui dès l'entrée de la carrière marchaient ainsi à pas de géant?

Le P. Eleuthère du Pont forma aussi à la vie religieuse le P. Florent de Montmorency, et «ce fut pendant son noviciat, dit le Ménologe de la Compagnie de Jésus, que ce jeune homme, issu d'une famille illustre, jeta les fondements d'une vertu solide. Homme d'une mortification admirable, il pratiquait chaque jour de la semaine quelque acte de pénitence, et souvent il portait sous ses vêtements une croix armée de pointes et une ceinture de fer sur les reins. Religieux d'une humilité vraie et d'une grande défiance de lui-même, malgré sa grande prudence et ses connaissances étendues, il écoutait volontiers, même étant supérieur, les avis de ceux qui dépendaient de lui. Ses hautes vertus l'appelèrent aux charges les plus importantes de son ordre; il fut provincial, visiteur, assistant, vicaire général de sa compagnie; il ne lui manqua que quelques voix pour succéder au Père général Vincent Caraffa. »

Nous avons eu l'occasion de parcourir la liste de ceux qui sont passés au noviciat pendant les nombreuses années où le P. Eleuthère en a été supérieur, et nous avons reconnu qu'il était impossible de citer les noms de tous ces ouvriers infatigables qui, formés par lui, ont épuisé leurs forces et exposé leur vie pour étendre le règne de Dieu, soit dans leur propre pays, soit dans les régions lointaines, soit au milieu des hérétiques, soit à la suite des armées, bravant tous les dangers, se soumettant aux privations les plus pénibles, joignant aux fatigues de l'apostolat toutes les austérités d'une pénitence volontaire. Mais la gloire des disciples ne rejaillit-elle pas sur le maître, et le chef-d'œuvre qui prend en quelque sorte la vie sous le ciseau du sculpteur ne prouve-t-il pas l'habileté de l'ouvrier ?

« Un supérieur, dit saint Bonaventure, doit être pour les autres une règle vivante, et il faut qu'il rende sensible par ses actions, ce qu'il prêche par ses paroles. Ainsi un maître de géométrie trace-t-il sur le sable les figures qui servent à sa démonstration, afin que ses élèves saisissent mieux ce qu'il leur explique de vive voix. Jésus-Christ n'a-t-il pas dit : « Je vous ai donné l'exemple, afin que vous fassiez à votre tour ce que j'ai fait moi-même. »

Tel s'est montré constamment le P. Eleuthère du Pont : il ne recommandait aux autres que ce qu'il faisait lui-même, et ses exemples furent toujours une prédication qui parlait aux yeux avec plus d'efficacité que n'auraient eu les plus beaux discours. Ne disons qu'un mot de quelques-unes des vertus qu'il a pratiquées dans un degré éminent.

1° Son esprit de prière. — « C'était un homme si uni et si conjoinct avec Dieu, dit le P. d'Oultreman, et qui se colloit tellement à lui par l'oraison, qu'au bout de six heures entières qu'il passoit bien souvent en prière au beau milieu de sa chambre, on avoit beaucoup de peine à l'en tirer, et alors son visage estoit enflambé, et il ne cessoit un moment de soupirer fort amoureusement. »

2° Sa confiance en Dieu. — Elle était un effet de son oraison : il disait qu'un roi pourvoit aux besoins des soldats qui sont à son service, et qu'à plus forte raison le Seigneur ne peut jamais manquer de subvenir aux nécessités de ceux qui travaillent à sa gloire. Au milieu des embarras où il s'est trouvé, et qui sont ordinaires dans les commencements d'une fondation, il ne perdit jamais la tranquillité de son âme. Aussi Dieu se plaisait-il à récompenser quelquefois d'une manière qu'on serait tenté d'appeler miraculeuse, cette confiance filiale du P. du Pont. On raconte qu'un jour, ne sachant comment subvenir aux besoins les plus pressants de la commnnauté, il se recommanda à Dieu et sortit de la maison à dessein de chercher quelque aumône. A peine eut-il fait quelque pas hors du collége, qu'un inconnu se présente à lui et lui remet en mains cent écus d'or : puis, sans laisser au P. du Pont le temps de le remercier, et de s'informer du nom de son bienfaiteur, cet inconnu s'échappe et disparaît.

3° Sa mortification. — « Il étoit très-rigoureux et quasi cruel à l'endroit de son corps, dit encore le P. d'Oultreman, de manière qu'il ne se passoit jour aucun qu'il ne portast la haire ou se donnast très-asprement la discipline, quoiqu'il fût tout exténué de vieillesse et n'eût plus que la peau sur les os. Estant à Paris, il porta le cilice un an entier, sans l'oster tant soit peu ; voire en ses derniers jours il a bien fait quatorze lieues de ce pays à beaux-pieds, en jeun, en plein esté, et la haire sur le dos. »

4° Sa charité. — Bien qu'il fût si dur envers lui-même, c'était néanmoins le plus doux, le plus gracieux, le plus gai vieillard de son temps : jamais on ne le voyait chagrin ou fâcheux à personne. « Sa charité estoit la pièce rare et admirable de toutes qui reluisoient en ce saint homme. Estant recteur, il donnoit presque tous les jours le meilleur de sa pitance aux pauvres, ne se réservant qu'un peu de potage et de dessert. Si quelqu'un de sa communauté estoit malade ou eust été saigné, il ne faisoit qu'aller à chaque heure à la chambre du malade pour s'enquérir de sa santé : ce qu'il faisoit même encore la nuit, de sorte qu'un Père qui vit encore m'a raconté qu'estant novice, et ayant quelque petite frayeur sur le soir, comme il advient aisément aux enfants, il fut visité la nuit par le P. Eleuthère jusqu'à cinq et six fois, et le novice feignant enfin de dormir, afin de le mettre hors de peine, le bon Père, y estant de rechef retourné, se mit à genoux au pied de son lit et y pria une bonne pièce de temps pour la santé du dit novice. »

5° Son humilité. — Nous l'avons vu à Bivone et partout, préférant les offices les plus obscurs; souvent on le voyait même remplir la charge de portier. « Il faisoit estat d'un chacun ; il se réputoit tout seul pauvre et misérable, et avoit du plaisir à paroistre tel. »

6° Son obéissance. — N'éclate-t-elle pas dans cette facilité avec laquelle les supérieurs le faisaient passer d'un lieu à un autre ? N'était-il pas dans leurs mains comme un cadavre qui se laisse porter partout où l'on veut, comme le bâton du vieillard qui s'en sert pour tout ce qui lui plaît? L'obéissance du P. Eleuthère s'étendait à tout : c'était l'obéissance qui réglait aussi ses austérités et ses mortifications. Lorsqu'il se trouvait à Rome, quelques Pères avaient la coutume de se retirer dans leur chambre, et là sans la permission du supérieur, chacun contentait son attrait pour les pénitences corporelles. Ils engagèrent le P. Eleuthère à imiter leur exemple; mais il refusa : il savait que l'obéissance vaut mieux que le sacrifice, et parce que le zèle indiscret de ces religieux pouvait leur causer un notable dommage, il fit en sorte que saint Ignage fût averti de ce qui se passait. Celui-ci ordonna à ces Pères de s'accuser publiquement au réfectoire d'avoir manqué à la règle qui défend de faire aucune pénitence corporelle sans permission du supérieur, et telle est, dit-on, l'origine de la coutume, encore en usage dans la Compagnie, de s'accuser au réfectoire des fautes commises contre les règles.

7° Son esprit de discernement. — Il le rendait habile dans la connaissance et la guérison des maladies de l'âme : il découvrait avec une perspicacité rare les illusions si fréquentes dans la vie spirituelle, et on le regardait partout comme un homme d'excellent conseil. Aussi était-ce à lui que l'on recourait dans les cas embrouillés ou un peu extraordinaires, et l'on trouvait toujours auprès de lui une solution satisfaisante.

Qui donc s'étonnera qu'un homme orné de tant de vertus et si rempli de l'esprit propre à son institut ait passé presque toute sa vie dans l'exercice de la supériorité? Cependant il ne renfermait pas son zèle dans les limites de son noviciat et de son collége. Sans parler de toutes ses œuvres de charité, comme la visite des malades et des prisonniers, l'instruction des pauvres et des enfants, auxquelles il s'est livré toute sa vie, autant que des devoirs impérieux lui en laissaient le loisir, il en était une autre à Tournai, à laquelle il porta toujours le plus vif intérêt, l'œuvre des écoles dominicales, qui ont subsisté dans cette ville jusqu'en ces derniers temps.

Le P. Mortagne, qui en 1578 avait été obligé de quitter Tournai pour ne pas se soumettre à un serment contraire aux droits de souverain, y était rentré en 1581, sous les auspices d'Alexandre Farnèse, prince de Parme. Il comprit que pour assurer le triomphe de la religion catholique, et s'opposer plus efficacement aux progrès de l'hérésie, il était de la dernière importance d'assurer aux jeunes filles du peuple une éducation tout à fait chrétienne. Il parla de son projet à Quinte Monnier, ancienne pénitente du P. Bernard Olivier, qui par le conseil de ce Père, s'était dévouée avec succès dans la petite ville d'Antoing à ce nouvel apostolat. Cette pieuse fille, entrant dans les idées du P. Mortagne, s'adjoignit quatorze compagnes animées de son esprit, et encouragées par l'évêque de Tournai, aidées de la haute protection du duc de Parme, elles s'étaient mises à l'œuvre. Elles réunissaient, particulièrement le dimanche, les filles pauvres, pour les instruire des devoirs propres à leur condition et leur inculquer profondément la connaissance des principaux mystères de la foi. Cette œuvre était trop conforme à l'esprit de saint Ignace, trop en rapport avec l'attrait particulier du P. Eleuthère, et trop propre à affermir dans les âmes le règne de Dieu, pour que ce bon Père lui refusât ses soins. Il visitait souvent ces pieuses filles et leurs élèves, et il ne négligeait rien pour entretenir en elles l'esprit qui l'animait lui-même. Un jour il trouva Quinte Monnier qui était sortie de l'école un peu avant les autres. « Quoi! lui dit-il, vous n'êtes pas à l'école comme vos compagnes? — Mon Père, lui répond Quinte Monnier, je n'en puis plus : impossible à moi d'aller à l'école ou ailleurs. — Faites-vous y porter, répond le Père. — Mon Père, j'ai la tête brisée; je ne saurais endurer le bruit de l'école. — Oui, oui, repartit le Père, mais cette tête pourrira un jour. — Eh! quoi donc, reprit Quinte, n'est-il jamais permis de se reposer? — Au ciel, au ciel, répondit le P. Eleuthère, c'est là que nous nous reposerons. » La sainte fille se le tint pour dit : car trois jours avant sa mort, qui arriva huit ans après celle du P. du Pont, on la voyait encore haletante, se traînant avec peine, et appuyée sur une de ses compagnes, se rendre aux écoles. Quelques personnes, la prenant en pitié, l'engageaient à se ménager enfin : elle devait savoir qu'à son âge et accablée, comme elle l'était, d'infirmités, un peu de repos devenait indispensable. « Oh! répondit-elle, ce n'est pas là ce que me disait notre saint P. du Pont qui est maintenant avec Dieu : non, non, il ne faut jamais tant mignarder une chair puante. »

Nous avons vu combien le P. Eleuthère fut aimé et vénéré des archevêques de Cambrai, Maximilien de Berghes et Louis de Berlaimont. Le pieux évêque de Tournai, Jean Vendeville, ne fut pas moins juste appréciateur de son mérite et de sa sainteté. Ce prélat le choisit pour son confesseur, et ce fut à lui qu'il voulut, à ses derniers moments, faire une confession générale de toute sa vie.

Dans le courant de 1607, le P. Eleuthère quitta Tournai, d'où il fut envoyé au collége d'Arras. Il ne nous paraît pas certain si ce fut en qualité de recteur, comme quelques auteurs semblent le dire, ou si les supérieurs voulurent lui ménager un peu de repos. Dans tous les cas, ce repos n'a été encore qu'un repos fort occupé. Il entendait les confessions et dirigeait ceux qui réclamaient ses conseils : il enseignait le catéchisme aux enfants ; il visitait les malades, et se prodiguait spécialement aux pauvres détenus. Il était pour eux un véritable père : non-seulement il les prêchait fréquemment et les aidait par ses bonnes paroles à supporter leur malheur avec patience et résignation, mais encore il les soulageait autant qu'il était en son pouvoir dans leur misère corporelle. Il s'intéressait en leur faveur auprès des personnes puissantes ; il demandait l'aumône pour eux. Plus d'une fois il parvint à briser les chaînes de ceux qui étaient retenus pour dettes, en se procurant les sommes nécessaires à leur élargissement : car il était auprès des riches un avocat puissant : les heureux du siècle ne pouvaient refuser à un homme qui par son dévouement prêchait si efficacement la charité, et qu'ils appelaient communément *le curé des prisonniers.*

Après environ quatre années de séjour à Arras, où, bien qu'âgé de quatre-vingts ans, le bon Père ne relâcha rien de ses austérités ni de ses travaux. Il tomba malade dans les derniers jours de janvier 1611. Il paraît avoir eu le pressentiment de sa fin prochaine : car bien que son état ne présentât d'abord aucun danger et n'inspirât aux autres aucune inquiétude, il affirma qu'il ne s'en relèverait pas. Ayant fait appeler le Père spirituel de la maison, il le pria de le préparer à la mort, et il ne voulut plus dès lors s'entretenir que des choses de l'éternité. Désirant mourir dans un dénuement parfait, il remit au Père supérieur les pieux objets qu'il avait dans sa chambre, et plein de confiance en la bonté de Dieu, impatient de se réunir à lui, il répétait souvent : « Sors donc de ce monde, ô mon âme, sors donc de ce monde. »

Telle était l'opinion qu'on avait conçue de sa sainteté qu'apprenant le danger où il était de mourir, l'abbé de Saint-Vaast d'Arras, le gouverneur de la province, et le gardien des Capucins au nom de la communauté, vinrent se prosterner à son chevet et lui demander sa bénédiction. Il rendit paisiblement son âme à Dieu le 31 janvier. Lorsqu'on se préparait à lui rendre les derniers devoirs, le gouverneur qui se trouvait présent, dit aux Pères : « Ce saint homme n'a pas besoin de nos prières, ni de nos sacrifices. Mais allons prier pour lui, quoique certainement il soit au ciel : il faut bien nous conformer à l'usage. »

Le corps du P. du Pont fut porté du collége à l'église Saint-Vaast, où il fut inhumé. On vit à ses obsèques un concours immense ; riches et pauvres pleuraient comme à la mort d'un père, et tous proclamaient que la ville d'Arras avait perdu *son saint*. Cinq paroisses de la ville, qui le regardaient comme leur bienfaiteur, voulurent lui faire des funérailles magnifiques. Le P. Éleuthère, lorsqu'il mourut, était âgé de quatre-vingt-trois ans, trois mois, quatre jours : il avait passé près de soixante années dans la Compagnie.

TABLE

— LILLE. TYP. L. LEFORT. 1862. —

9 782014 108132